360° 全景探秘
最不可思议的惊世发现

最不可思议的惊世发现
ZUI BU KE SI YI DE JING SHI FA XIAN

360度全景探秘

最不可思议惊世发现

主编 李阳

天津出版传媒集团
天津科学技术出版社

图书在版编目（CIP）数据

最不可思议的惊世发现 / 李阳主编.—天津：天津科学技术出版社，2012.4（2021.6重印）
（360度全景探秘）
ISBN 978-7-5308-6985-7

Ⅰ.①最… Ⅱ.①李… Ⅲ.①科学知识—普及读物
Ⅳ.①Z228

中国版本图书馆CIP数据核字（2012）第078871号

360度全景探秘——最不可思议的惊世发现
360DU QUANJING TANMI —— ZUI BUKE SIYI DE JINGSHI FAXIAN

责任编辑：王　璐
责任印制：刘　彤

出　　版	天津出版传媒集团
	天津科学技术出版社
地　　址	天津市西康路35号
邮　　编	300051
电　　话	（022）23332399
网　　址	www.tjkjcbs.com.cn
发　　行	新华书店经销
印　　刷	永清县晔盛亚胶印有限公司

开本 690×940　1/16　印张 10　字数 200 000
2021年6月第1版第5次印刷
定价：35.00元

目 录

一、武器的发明 / 1

火眼金睛不惧黑——夜视仪 / 2

来无影去无踪的"杀手"——隐形战斗机 / 4

噩梦的世纪之神——原子弹 / 6

福兮祸兮核聚变——氢弹 / 8

海阔凭"鱼"跃——核潜艇 / 11

二、交通发明之谜 / 13

揭开蒸汽时代的面纱——蒸汽机 / 14

农业上的新诗篇——拖拉机 / 17

永不停息的转动——内燃机 / 19

无穷的动力——电动机 / 21

快速一族——摩托车 / 23

现代"无马的马车"——汽车 / 26

三、化学用品发明之谜 / 29

　　自力更生——侯氏造碱 / 30

　　洁白无瑕——漂白剂 / 32

　　新型材料——塑料 / 34

　　轮胎的原料——人工合成橡胶 / 37

四、生活用品发明之谜 / 39

　　"打"出一片世界——打字机 / 40

　　复制声音的机器——留声机 / 43

　　完美复制——静电复印机 / 46

　　"速食"扫天下——方便面 / 49

　　巡天遥看新奇事——电视 / 52

　　"吃"灰尘的机器——吸尘器 / 55

　　优雅的出恭——抽水马桶 / 58

　　家务劳动好帮手——洗衣机 / 61

　　唱歌引出的发明——磁带录音机 / 64

　　说古论今画中来——电影 / 67

　　家庭"冷藏库"——电冰箱 / 70

五、医药用品发明之谜 / 73

　　克服人类的恐慌——治愈疯牛病 / 74

　　人类体外授精的结晶——试管婴儿 / 76

捍卫生命的"天使"——青霉素 / 78

破译遗传的密码——DNA / 80

"天花"无法开放——牛痘接种法 / 83

明明白白你的心——心电图的功效 / 85

输血不再辉煌——人造血的诞生 / 88

心脏病人的福音——心脏起搏器 / 91

殷殷鲜血脉脉情——输血技术 / 94

医疗史上划时代的革命——基因疗法 / 97

延长寿命的法宝——器官移植术 / 100

六、天地间的发明 / 103

天高任"你"飞——飞机 / 104

茫茫宇宙任驰骋——宇宙飞船 / 107

人类的千里眼——望远镜 / 110

上九天揽月——月球车 / 113

让太阳做能源——太阳能动力飞机 / 116

航天到航宇的跨越——人造星体 / 118

音容盘中存——激光视盘 / 121

七、物理发明之谜 / 123

现代物理革命的序曲——X射线 / 124

物质的最小单位——电子 / 126

天籁之音——无线电广播 / 128

神奇的机器——激光器 / 131

中国油田的发现——地质力学 / 133

千里音信一线通——电话 / 135

让文字飞翔——莫尔斯电报机 / 139

精英智慧的结晶——集成电路 / 141

人为控制气候——冷暖空调器 / 144

一波三折——真空三极管 / 146

信息时代金钥匙——晶体管 / 148

"共享"世界文明——因特网 / 150

·最·不·可·思·议·的·惊·世·发·现·

一、武器的发明

火眼金睛不惧黑——夜视仪

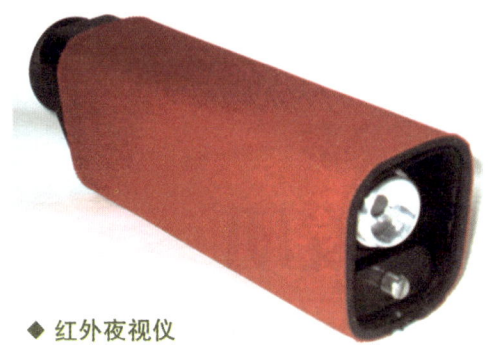
◆ 红外夜视仪

在漆黑的夜晚，许多在白天可见的物体都看不到了，活动起来很不方便，但夜视仪的发明为我们解决了这一问题。

夜视仪主要运用于军事上，它在各种战斗、车辆运输、飞机的夜间驾驶，以及各种夜间侦察活动和夜间作业等方面都有很重要的作用。

夜视仪主要有主动红外夜视仪、微光夜视仪和热成像夜视仪三种。

主动红外夜视仪适用于近距离侦察、搜索、短射程武器的夜间瞄准和各种运输、战斗车辆、坦克等的夜间驾驶。主动红外夜视仪的作用距离一般为300米左右。

为了克服主动红外夜视仪隐蔽性差、容易暴露的缺点，人们便开始研究更先进的夜视仪，从而推动了微光夜视仪的发展。

微光夜视仪是利用月光、星光等夜天光，通过像增强器的光增强作用，去帮助人眼实

现夜视观察的一种夜视器材。它出现于60年代，是当前一些发达国家军队装备的主要夜视器材。

微光夜视仪由于隐蔽性好，不易暴露，而且体积小，重量轻，消耗能源也少，所以受到普遍重视，是目前产量最大、装备最多的夜视器材。

◆ 夜视仪

与上述两种夜视仪不同，热成像夜视仪既不靠夜天光，也无须携带红外光源，而是靠接收目标自身的辐射，只要其温度高于绝对零度，就会发出红外辐射。

热成像技术的兴起可以追溯到50年代。1959年美国芝加哥大学率先研制成功第一台前视红外热像仪，随着几十年的发展，热成像夜视仪已成为目前最为先进的夜视器材。它能实现"全天候"观察，能揭露伪装，获得目标的状态信息。

来无影去无踪的"杀手"——隐形战斗机

◆ 美国F-22猛禽隐形战斗机

什么是隐形战斗机?要回答这个问题还要从一架坠毁的飞机说起。1986年11月,在美国加州的贝克菲尔德上空,一架美国空军的夜航训练飞机突然坠毁。记者们都猜测到:这架失事的飞机一定是美国政府正在研制的最先进的隐形战斗机。

1988年,美国国防部举行记者招待会,正式公布了一种新研制出的隐形战斗机的图片,并把这种战斗机命名为F-117A。

在电子对抗技术高度发达的今天,雷达、红外技术、激光技术的广泛应用使战斗机从起飞到降落都处在敌方的严密监视之下。敌人有很强的主动性组织地面防空炮火或派遣飞机对前来攻击的战斗机进行拦截。在这种情况下,战斗机失去了原有的进攻的隐蔽性、

◆ 隐形战斗机

突然性，作战环境相当恶劣。于是各国航空家们试图研制出一种"看不见的飞机"来维护空中作战的有效性。1981年6月，第一架原型机试飞成功。后经不断改进，到了1990年7月，共有59架隐形飞机交付空军使用。

在F-117A的表面上，涂着一层"涂敷型吸波材料"。它可以部分吸收照射它的雷达波，将电磁能量转化成热能并散失掉，它的工作原理类似于电流通过电阻而引起的能量消耗，将雷达波吸入机身，减少反射。有了外形和材料两方面的独特设计和选用，F-117A实现了"隐身"。

◆ 第五代隐形战斗机

隐形战斗机代表了未来空中作战的发展趋势。除雷达隐身技术之外，现在还发展了红外隐身技术、激光隐身技术等。相信在不远的将来，各国的主力战机都将成为来无影、去无踪的隐形飞机。

噩梦的世纪之神——原子弹

◆ 原子弹爆炸

原子弹是一种武器，是20世纪最可怕的武器。自从第一颗原子弹爆炸之后，多少阴影笼罩着人类，影响着人类的命运。

1938年，法国物理学家约里奥·居里夫妇发现人工放射性物质。同年，意大利物理学家费米提出了慢中子反应，使人工放射性更强。同年秋，德国化学家哈恩和斯特拉斯曼发现，如果用中子作为"炮弹"去轰击化学元素铀的原子核，就可以把它打成两半，同时放出三四个中子。这三四个中子又可以把另外的铀原子核打破，放出更多的中子。这个现象在物理学上叫核裂变。梅特纳从数学上进行分析后，认为每裂变一个原子放出两亿电子伏的能量。当哈恩1939年公布这个发现之后，立即引起许多物理学家的恐

◆ 美国原子弹轰炸

慌。他们意识到裂变反应的发现可能会导致一种破坏力空前的武器的诞生。

美国的科学家们首先提出运用核裂变原理加速研制原子弹的建议，经过3年多的紧张工作，1945年7月，美国终于制造出绰号分别为"瘦子""胖子""小男孩"的世界上第一批原子弹。7月16日清晨，名为"瘦子"的世界上第一颗原子弹在新墨西哥的沙漠上试爆成功，其爆炸能量相当于2万吨黄色炸药的爆炸能量。

◆ 原子弹试验场

中国从20世纪50年代开始研制核武器，随后原子弹、氢弹相继研制成功。中国从第一次试验成功起，就向全世界庄严宣告：中国研制核武器完全是为了打破核武器的大国垄断局面，为了保卫自己的领土主权完整，为了保卫世界和平。在国与国的关系中，中国决不首先使用核武器。事实证明，两弹一星的研制成功，极大地鼓舞了民族士气，提高了中国人民在世界上的地位。

原子弹的存在虽然对人类的生存产生着威胁，但如果我们正确运用它，它同样会造福于人类。

◆ 原子弹试验场

福兮祸兮核聚变——氢弹

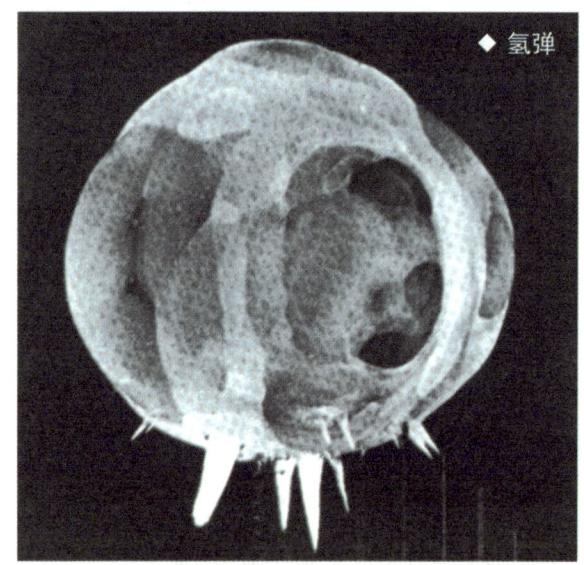
◆氢弹

1952年11月1日，在太平洋马绍尔群岛的一个珊瑚岛上，美国引爆了世界上第一颗氢弹——"麦克"。爆炸时巨大的火焰烧红了半边天，随后，蘑菇状烟云冲向天穹，遮云蔽日。爆炸后，人们突然发现试验区中心的珊瑚岛消失了，在海底形成

◆氢弹

了一个直径约2000米、深50米的"火山口"。氢弹如此巨大的威力，让全世界人民惊叹不已，也引起爱好和平的人们的普遍忧虑。

氢弹的发明，可溯源于两位大学生的联想。

哥本哈根的两名大学生豪特曼斯和阿特金逊想要研究太阳为何能永放光芒的问题，他们认为：太阳中含有大量氢和不少氦，要研究这个问题，必须首先从这两种元素入手。

根据当时科学家的估测，太阳表面的温度约有6000℃，在它的中心温度高达20000℃；太阳的压力高达80万个大气压，连气体都被压成了7倍于铅的密度。他俩推测，在这样的条件下，氢、氦等较轻元素原子中的电子，已经不受原子核的束缚，跑到原子外边去了。赤裸裸的原子核在高温、高压作用下横冲直撞，发生激烈碰撞，会聚合成较重的原子核，同时会释放出巨大的能量，这种能量大得足以使太阳永放光芒。他们把这个过程称为"热核反应"或"聚变反应"。

1942年，美国制定了研制原子弹的"曼哈顿计划"。美国在1945年爆炸的第一颗原子弹证实了这颗原子弹爆炸后，在试验区产生了上千万度的高温和数百亿个大气压。这也是科学家们研制氢弹的基本物理基础。

我们有理由相信，应用氢弹一定会给人类带来幸福。

海阔凭"鱼"跃——核潜艇

1982年,英国和阿根廷为了争夺马尔维纳斯群岛,爆发了一场海上大战。在战争中,英国出动了核动力攻击潜艇——征服者号,并于5月2日,用鱼雷击沉了阿根廷的导弹巡洋舰贝尔格拉诺将军号。

潜艇作为海军的主要舰种之一,就在于它具有良好的隐蔽性,以及较大的自给力、续航力和较强的威慑力。在攻击大中型水面舰船和潜艇、袭击海岸设施和陆上重要目标,

◆核潜艇

以及布雷、侦察、输送侦察兵登陆等方面确有其独特优势。

1620年,荷兰物理学家德雷贝尔在英国制成了第一艘潜水船;1893年,法国建造了一艘蓄电池电动机潜艇;19世纪末,爱尔兰籍霍兰建造了一艘水面上以汽油机、水下以蓄电池电动机为动力的双推进系统潜艇,大大增强了潜艇在水下的隐蔽性;到20世纪初,一批在

最不可思议的惊世发现

水下排水量达数百吨,水下航速6~8节,装备有舰炮、水雷、鱼雷的具有一定作战能力的潜艇问世;到1954年,美国建成了世界上第一艘核动力潜艇"鹦鹉螺"号,1960年又建成了北极星战略导弹核动力潜艇"乔治·华盛顿"号;与此同时,前苏联在1959年也建成了核动力潜艇。此后,英、法及中国也相继建成核动力潜艇。

目前,各国都重视战略导弹核动力潜艇的研制,特别注意进一步增大下潜深度,改善核动力装置的性能,降低噪音,提高在水中的控测能力,增大武器射程,实现操纵指挥的进一步自动化。一些国家还在研制噪音小、速度快、攻击力强的新型常规动力潜艇。

·最·不·可·思·议·的·惊·世·发·现·

二、交通发明之谜

揭开蒸汽时代的面纱——蒸汽机

◆ 蒸汽机

18世纪初,英国的铁匠纽可门制成了第一部实用型蒸汽机,被称为"纽可门蒸汽机"。但它耗能大,效率低,没有普遍普及。瓦特继承前人的研究成果,对蒸汽机进行改进,最终研制成高效万能蒸汽发动机,使人类进入了"蒸汽时代"。

詹姆士·瓦特从小爱独自沉思默想,尤其对蒸汽有浓厚的兴趣。在大学里,

◆ 蒸汽机

他开始专心地对蒸汽动力机械进行研究。瓦特根据改进的纽可门式蒸汽机的原理,又经过多年的努力,终于在1782年创制了膨胀蒸汽机,即"双动式蒸汽机",使蒸汽机朝着动力机的方向迈出了决定性的一步。瓦特又做了进一步研究,万能蒸汽机终于制造成功了。

经过瓦特改良的蒸汽机,迅速被采矿、纺织、冶金、造纸、食品、建筑、机器制造等各行业广泛采用。万能蒸汽机的问世,使工业革命开始了最具有决定性的阶段。

蒸汽机把那些压在大工业身上的束缚解放了。凡能获得公道价格的煤的地方,都可以安装蒸汽机。英国到处是煤的海洋。

工厂现在可以离开其原来孤立于水流岸边的溪谷了;工厂接近市场可以汇合集中起来形成一些巨大而黝黑的工业城市,蒸

◆ 足疗蒸汽机

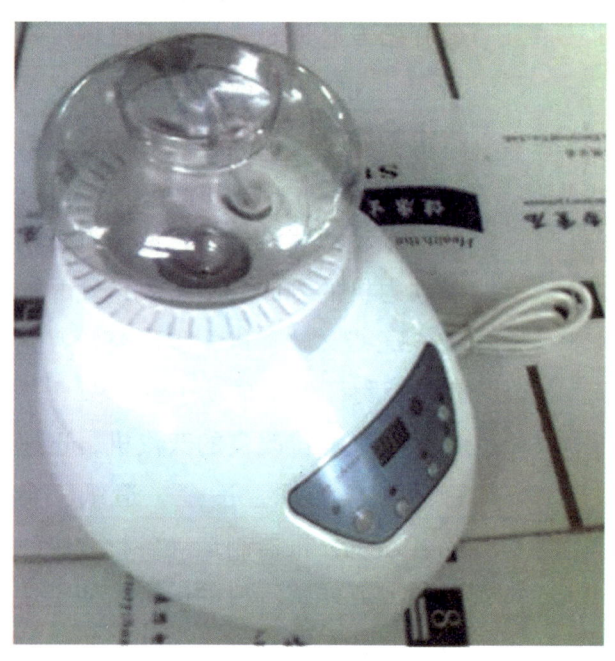

汽机使无穷的烟云飞翔在这些城市的上空。

瓦特适应社会发展的需要，在吸收前人成果的基础上改进的蒸汽机，推动了科学的进步，促进了社会生产力的飞速发展。瓦特本人也因此而流芳百世。蒸汽机的普遍应用，推进了人类文明的进程。

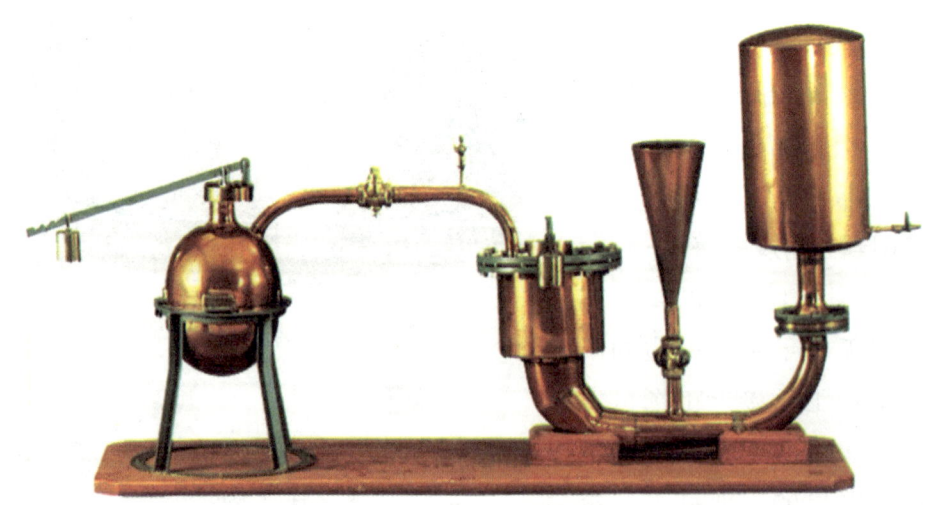

农业上的新诗篇——拖拉机

蒸汽机的发明,推动了人类技术的发展,它被广泛应用在各个生产领域,农业也不例外,这就出现了拖拉机。

1832年,英国的约翰·希斯科特发明了一台用蒸汽机作动力的耕作机,人们称这种有趣的犁为蒸汽犁,它是将动力应用于农业的首次尝试。

◆ 拖拉机

新的发明不断地涌现。1852年,英国人约翰·福勒也发明了一种类似的但较为轻便的蒸汽犁。同一时期,美国、法国等国家也在研制蒸汽拖拉机。

随着柴油发动机的发明,它也被安装在拖拉机上,从而代替了蒸汽机。1889年,美国人伯格把柴油发动机装在了蒸汽拖拉机的底盘上,就成了以柴油为动力的拖拉机。1892年,美国人丁·弗罗希利奇

◆ 拖拉机

制造了一台以汽油为动力的拖拉机。1901年,美国人伦巴德制成实用履带,为拖拉机的实用化创造了条件。1903年,美国的霍特应用伦巴德发明的实用履带而取得了农业用拖拉机的专利权。从此,真正实现了拖拉机的实用化,并开始了批量生产。

这些拖拉机的轮子一开始都是钢轮,会伤害树根,到1931年,古德里奇公司制出了实心轮胎,第二次大战后又制出多种适用于拖拉机的充气轮胎。从此,具有机动灵活性的轮胎式拖拉机开始奔驰在田野上。

拖拉机被发明出来了,并不断地得到了改进。拖拉机一问世便浩浩荡荡地开进了农场,从而引发了农业机械化的进程。拖拉机的发明,代替了人力和畜力广泛应用于各种田间作业,从而大大提高了劳动生产率。为农业的发展,谱写了新的诗篇。

◆ 多功能拖拉机

永不停息的转动——内燃机

◆ 内燃机

早期的蒸汽机对人类作出了巨大贡献，但是，它却存在着许多缺点。因此，人们又开始了把锅炉和汽缸合二为一的"内燃机"的研制工作。

从1677年开始，人们就多次试验，结果却不尽如人意，当时人们对内燃机工作原理很少进行研究，还没有找到提高效率的有效途径，而且燃料也是一大障碍。

1861年，29岁的奥托决心开始试制四冲程内燃机。四年时间里，奥托研制出了压缩式内燃机，又经过四五年的努力，他研制的四冲程内燃机终于取得了成功，并在巴黎世界博览会上展出。这个以"奥托"命名的煤气内燃机是最早获得成功的内燃机。

最不可思议的惊世发现

◆ 内燃机的发明者——德国人奥托

就在奥托试制成功四冲程内燃机的那一年，另一位德国人狄塞尔则也开始设想研制新型的内燃机。经过五年的试验，狄塞尔终于于1897年制成了世界上第一台实用的压缩点火内燃机，也就是我们通常所称的柴油机。它体积小，所用的柴油价格低，而且柴油内燃机的效率也相当高。

1912年，在一艘名叫"塞兰迪亚"号的轮船上安装了两台狄塞尔内燃柴油机，从而开辟了柴油机船的新时代。

内燃机被广泛应用于各个领域，它大大提高了工作的效率，使我们的生活越来越舒适。

◆ 内燃机

无穷的动力——电动机

电动机的发明使人们从繁重的体力劳动中解放了出来。那你知道电动机是怎么发明出来的吗？

19世纪时，法拉第是英国皇家学会的会员沃拉斯顿的实验员，当时沃拉斯顿在研究导线通电时，旁边的磁

◆ 电动机

针偏转的问题，当时法拉第还只能做一些辅助性的工作，有一天，法拉第也来到实验桌旁仔细地研究起来。经过几个通宵的努力，他做成了一个电动机的雏形。

美国科学家亨利在电学上的贡献也是有目共睹的。他发明了继电器（电报的雏形），比法拉第更早发现了电磁感应现象。法拉第制造出电动机的雏形十年之后，亨利才在杂志上阐述了有关电动机的原

最不可思议的惊世发现

理和构想。电动机具有十分广泛的用途，它开拓了电气化时代的新纪元，人们迫不及待地将电动机投入使用。

1838年某天，俄罗斯中部涅瓦河的一个码头上，人们看到一艘机动船在慢慢地驶来。船渐渐近了，船上的旅客不住地向码头上的人群招手示意。这小船上没有烟囱，不烧油，不烧煤，它是用电力来开动的，是世界上第一艘电机船，而船上的船长，就是电动机的发明者雅可比。

雅可比研究了当时许多人发明的"玩具电动机"，认为这种电动机之所以没有实用价值是因为天然磁铁的磁场强度太小了。于是他利用电磁铁产生出强得多的磁场，从而使电动机向实用迈开了一大步。由于电动机不需要燃烧，不会产生污染，又有容易控制的特点，所以它的出现立即显示出巨大的生命力。电动机的发明，开创了动力的新纪元。

快速一族——摩托车

你骑过摩托车吗？你是否感到摩托车行驶的速度太快？其实，摩托车的祖先是自行车，但二者之间的差别可不小。它的发明者是德国的戴姆拉。

戴姆拉从小就对机器机械十分感兴趣，他立志要做一个技艺高超的机械师。1876年，奥托研制的四冲程内燃机问世了。但

◆摩托车

最不可思议的惊世发现
ZUIBUKESIYIDEJINGSHIFAXIAN

◆ 摩托车

是，这种内燃机效率很低，无法实际应用。经过反复试验，戴姆拉终于在1883年制成了热管点火式汽油内燃机。两年以后，他又制成了立式汽油内燃机。

从此，摩托车逐渐被人们广泛使用，戴姆拉自然是当之无愧的"摩托车之父"。如今，这辆世界上最早的摩托车仍保存在德国慕尼黑科学技术博物馆内。

第一辆摩托车诞生以后，德国工程师沃尔夫米勒和汉斯·盖森霍夫把它改装成双缸内燃机，

性能更加稳定。在这一年，德国慕尼黑总共生产了1000辆"沃尔夫米勒"牌摩托车，这是世界上首次批量生产的摩托车。

1897年，"摩托车"这个名称也才正式定下来，以前都称做"机器脚踏车"。沃尔夫米勒公司不仅是"摩托车"一词的创造者，也是世界上首家制造摩托车的公司。

后来，亚琛卡尔·施瓦纳迈尔钢制品厂推出了一种叫"弗尔尼尔"牌的内装式电动机，并且允许自行车厂将它安装制造成摩托车。仅仅几年时间，德国的摩托车工业就拥有大约35个牌子的摩托车了。

现在，摩托车奔跑于世界各地，由于它的快速，它被称为"快速一族"。

◆ 摩托车

现代"无马的马车"——汽车

制出一种可凭自力在路上穿梭行驶的"无马的马车"——汽车，这是人类永恒的愿望。

1769年，法国炮兵军官居纽造出

◆汽车

了一部以蒸汽为动力的三轮车。这向真正汽车的研制迈出了一大步。

18世纪末，瓦特的蒸汽机的改良和伏特的电池的发明，促成了19世纪蒸汽汽车和电动汽车的出现。

1885年，两位德国技师戴姆勒和朋茨分别发明了用汽油作燃料的汽车。把汽车的研制推进新的阶段。

1892年，杜利亚兄弟在美国制造出汽油汽车。但这种车只能是阔人家里的玩

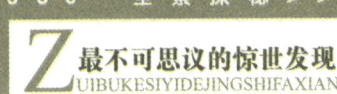

物,因为它太昂贵,而且操作起来极为复杂,易出毛病。在这种情况下,汽车的改良不断有人进行。

在这些自动改进汽车的技术人员中,有一个决心把它改造成价钱很便宜、很容易操作的人,他就是后来成为"世界汽车大王"的亨利·福特。他于1908年完成了第一部广受大众欢迎的汽车——T型福特车。福特的汽车采用了英国冶金学家推荐的合金钢——钒钢,使汽车的重量、性能大大提高。为了满足人们的普遍需求,他们在1914年上了汽车生产线,并先后在多国设厂。

如今,汽车生产成为许多国家的重要支柱产业,汽车的花样品种年年翻新,不下千种。汽车的发明,提高了人们的出行速度,提高了效率,也如此深刻地影响着我们的生活。

最·不·可·思·议·的·惊·世·发·现

三、化学用品发明之谜

自力更生——侯氏造碱

◆ 侯氏碱法的创造者侯德榜

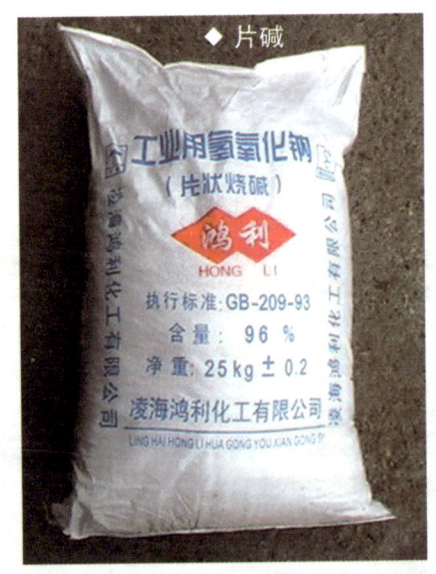

◆ 片碱

一提到制碱技术，许多中国人就会不约而同地想到侯氏碱法。

侯氏碱法的主要发明者是中国著名化学家侯德榜。留学归国后，侯德榜与一位经验丰富的美国机械师G．T．李研制造碱技术。经过群策群力，我们中国人自己生产的白花花、亮晶晶的纯碱终于成功了，从而打破了帝国主义的垄断。

1937年日寇侵入华北、上海，范旭东、侯德榜积20年心血创建的亚洲最大的碱厂和一流水平的硫酸铵厂，皆落入魔掌。侯德榜决心放弃20年来最有心得的苏尔维法，以寻找适合于川西条件的新的制碱方法。

当时获悉德国有一察安法制碱专利，侯德榜组织人力，准备开展试验。试验进行到1939年底，终于全部摸清了察安法的各种工艺条件，

并对察安法作了很大的改进，形成了自己的制碱新法。一个既吸收了氨碱法的优点，又吸收了察安法的优点的氨碱联合流程——"侯氏碱法"取得了成功。它大大提高了原料利用率，也降低了成本。"侯氏碱法"把纯碱工业技术推向了一个新的高峰。

经过不断的完善和改进，一座年产18万吨的完全依靠我国自己力量设计、制造和安装的"侯氏碱法"车间终于于1961年建设成功，并于当年投入生产。

1964年，国家科委组成鉴定委员会的专家、学者对侯德榜及参加这一工作的技术人员26年来由辛勤劳动换取的丰硕成果予以盛赞。更对侯德榜和其他技术人员热爱祖国、献身科学的精神表示赞赏，号召广大科学家向他们学习。

◆ 左旋肉碱

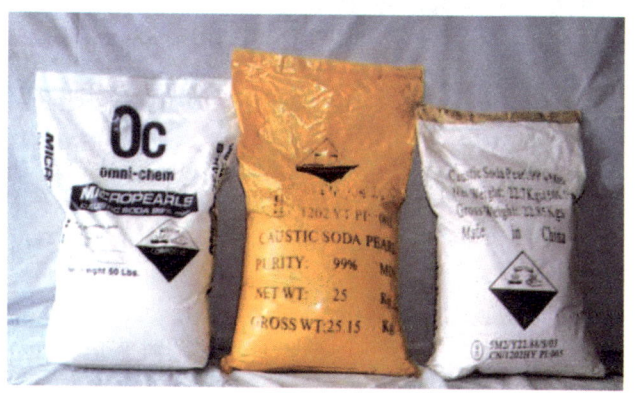

洁白无瑕——漂白剂

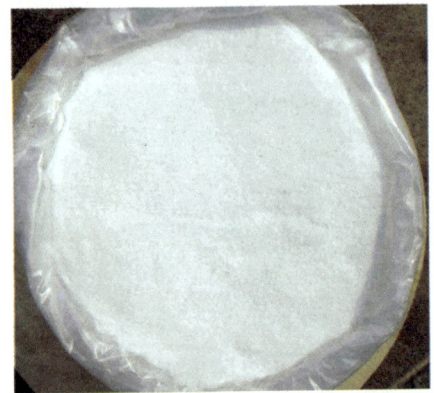

◆ 漂白剂

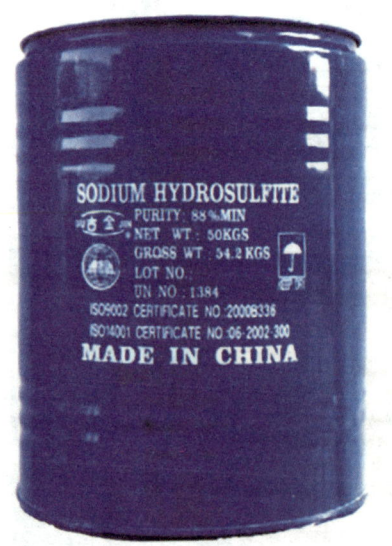

◆ 纸张漂白剂

无论哪一种纺织材料，在印染前，漂白都是不可缺少的。即便是白布，也必须漂白才能洁白无瑕，然后供应市场。

最先掌握漂白技术的是荷兰人，他们很早就发现，用草木灰汁浸渍麻布，具有增白效果。后来又发现，用牛奶和肥皂共同洗衣服，增白效果更好。18世纪，漂白技术陆续传到其他国家。

由于纺织工业发展迅速，原始的漂白技术不能满足需要，许多化学家都投身于漂白粉的研究。

1785年，法国著名化学家贝托雷发明了氯气溶液漂白法，但是氯气溶解在水里得到的氯水溶液不稳定，挥发出来的氯气在厂房内空间弥漫。工人们一天到晚被有毒的氯气包围着，人人又咳又喘，个个涕泗横流。

1786年，一个名叫坦南特的人改进了贝托雷的工艺。通过多次实验，

他终于找到了办法。将氯气直接通到硝石灰中,得到一种含氯的粉末。使用时再将它溶解在水中,就成为氯水。同样发挥良好的漂白作用。坦南特把自己制造的固体漂白剂称之为"漂白粉"。漂白粉是固体,便于运输,所以应用越来越广泛。不仅纺织工厂使用,而且家庭也普遍使用漂白粉了。

不久,法拉第也偶然发明了漂白剂,只是化学成分和坦南特的完全不同。

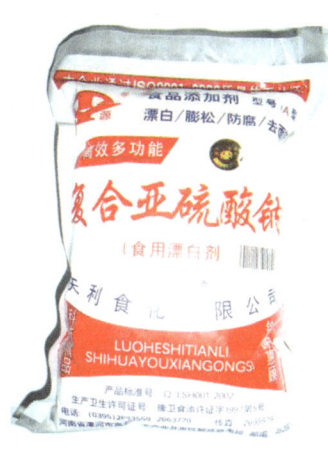

◆ 食用漂白剂

法拉第的新漂白剂敲开了造纸厂、人造象牙厂的大门,使漂白剂"家族"中又增加了一位新成员。漂白剂的发明给纺织等工业带来了福音,既提高了生产效率,也改善了这些工业的生产流程。

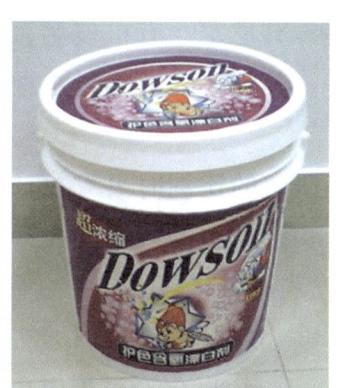

新型材料——塑料

塑料作为一种新材料，已广泛应用于国民经济各部门，也广泛应用于家庭。但追溯它的历史，却还不到100年。目前在品种众多的塑料中，已经成熟的有聚乙烯、聚丙烯塑料，有聚氯乙烯、聚苯乙烯塑料，有尼龙、有机玻璃，还有聚酯、酚醛塑料等。其中，酚醛塑料是世上诞生最早的。

1906年，通过多年研究的比利时贝克兰，解决了酚醛树脂的理论和生产中的问题，包括制造工艺，从此开辟了塑料新时代。

在塑料的实际生产过程中，"助剂"是不可缺少的重要材料。助剂可改进成品的质量，确定产品的性能，扩大产品应用范围；或节约原材料，改善加工性能，提高加工效

◆ 塑料制品

率；或加速反应进程，提高产品得率。还有其他的，例如填料、变定剂，都是塑料生产过程中必须考虑到的重要因素。

◆ 塑料

酚醛塑料已有九十多年的历史，是世上诞生最早的塑料，由于它原料丰富，合成工艺简单，价格低廉，绝缘性、耐酸性突出，所以，至今仍占有一定的地位。塑料作为一种

最不可思议的惊世发现

◆ 塑料杯

材料工业,几十年来一直受到人们的重视,得到了非常迅速的发展和应用。那么多不同品种的塑料可以说是各有各的特点。而且各类品种都可以通过不同的成型,采用不同的添加剂和不同的加工方法,制得不同性能的塑料制品。可以制得硬如钢铁的塑料,也可制得软如棉花的塑料;可以制得像玻璃一样透明的塑料,也可制得像石英一样耐热的塑料。

塑料这种材料工业,前途仍然无可限量。

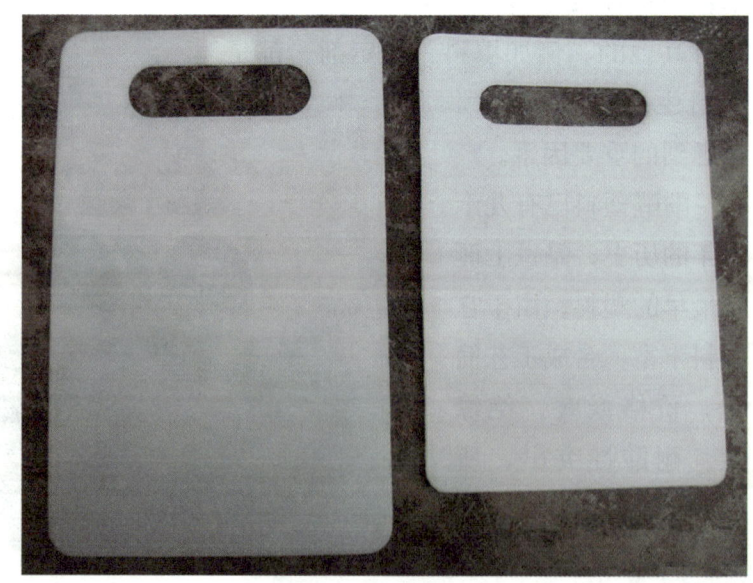

◆ 塑料砧板

轮胎的原料——人工合成橡胶

1493年,在哥伦布第二次航行到美洲时,他看到印第安人在玩一种实物,用手拉能伸长,一松手又缩回,抛到地上则能弹跳起来……当时他见了很惊奇,经印第安人告知,才知道这东西叫橡胶。

◆ 橡胶

据了解,这种天然橡胶是从橡树上割取到的白色胶乳——橡浆中获得的,但是后来人们发现,天然橡胶不具备耐高

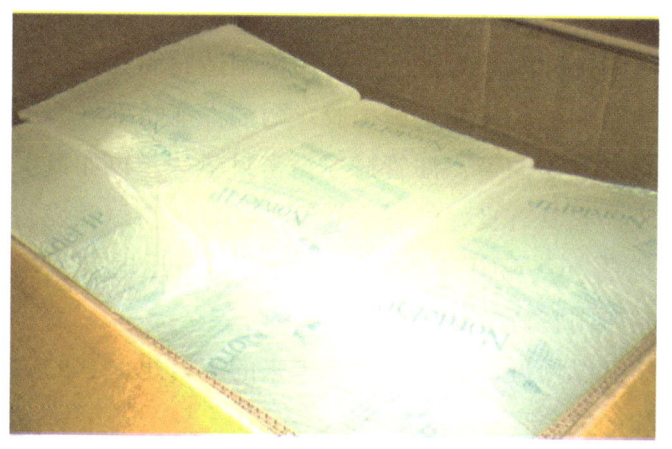

最不可思议的惊世发现

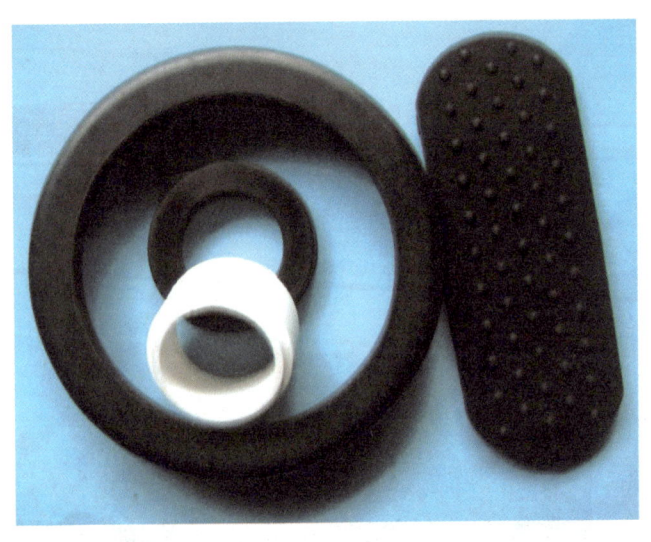

◆ 导电橡胶

温以及耐油、耐酸等性能，它的产品又受自然条件的限制，特别是种植橡胶树占用过多耕地，于是，科技人员就决定去寻找人工合成橡胶的方法。

到1909年，俄国列别捷夫终于找到了橡胶的人工合成方法。经过反复实验，列别捷夫发现以1，3－丁二烯为原料，在催化剂作用下，可以合成一种顺式聚丁二烯的高分子化合物，简称"顺丁橡胶"。它具有与天然橡胶类似的性能。更令人欣喜的是，经过多年的努力，不仅合成橡胶的产量大大超过天然橡胶，而且它在性能的某些方面优于天然橡胶。例如占目前世界合成橡胶产量首位的丁苯橡胶，由于它有良好的耐老化、耐热和耐磨等性能，就用来制造轮胎和其他工业橡胶制品。又如丁腈橡胶，耐油性能特别好，就用它来制作油管、油管衬里、密封垫片。再如氯丁橡胶，它具有良好的耐化学腐蚀、耐油、耐燃烧、耐挠曲、气密好等性能，就用它制造运输带、胶管、印刷胶管、油箱等。

可以预见，合成橡胶在未来的岁月里，它的质量和产量会有更大的提高。

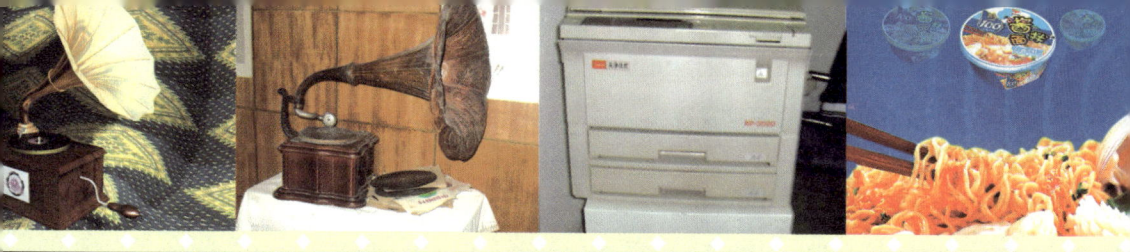

最·不·可·思·议·的·惊·世·发·现

四、生活用品发明之谜

360° 全景探秘 >>>>

最不可思议的惊世发现
ZUIBUKESIYIDEJINGSHIFAXIAN

❀ "打"出一片世界——打字机

15世纪中叶，活版印刷发明以后，机械印刷逐渐流行起来，人们可以大量地利用机械印刷出所需要的印刷材料。那么，在大量印刷前所用的那一张，能不能也用机械"写"出来呢？许多人开始了这方面的尝试。

几十年来，许多国家的发明家都研究并设计出了自己的打字机，其中对打字机改进最大的是美国的Ｃ．Ｌ．肖尔斯。肖尔斯发明的打字机和现在使用的打字机相比，体积又大又难看，只能打大写字母，

但它很实用。

肖尔斯因病去世后,人们不断对打字机加以改进。开始时,打字机有78个文字键,后来把大号字、小号字装在一根杆上,从而减少了一半。此外,以前的打字机不能直接看到打字的部位,即使打错了也不知道,直到全部打完之后,如发现有错误,只得从头再打。于是,肖尔斯的伙伴约斯特做了改进,在1894年制成了可以看到打字部位的打字机。

这样,打字机经过不断改进,使用起来方便多了,打字速度也很快,普通的打字员,1分钟大约能打45个字,快手1分钟能打90个字。最快的能每分钟打143个字,比一般人念文章的速度还快。尤其是电动打字机的问世,比原来的工作效率还要高得多。

打字机"打"出了一个美丽的世界。正如它的发明者所说的那样,全世界都会从中获得好处。

最不可思议的惊世发现

复制声音的机器——留声机

留声机的出现,把人们带入到了一个崭新的世界。那么,它是如何发明的呢?

1877年的一天,爱迪生在试验电话机的时候,看到送话器里的膜板随着说话声在震动,他想了解膜板振动的幅度,便找了一根又短又细的钢针,一

◆ 留声机

头固定在膜板上,另一头用手轻轻按着。当他对着送话器说话的时候,手指便感到钢针尖在相应的振动。这一偶然的发现,使他高兴起来,他想:说话的声音能使钢针颤动,那么,把这个过程反转过来,也一定能发出原先的

最不可思议的惊世发现

说话声音。

于是，他就动手多次进行试验。1877年，爱迪生制成一架原始的留声机。一个裹着锡箔的圆筒，架在一根长轴上，摇动轴上的手柄可以使它转动。爱迪生一面慢慢地摇动手柄，一面对准一根金属小管子，唱起歌来，唱完他把圆筒转回原位，把刚才对着它唱歌的那根小管子拨开，又用另一根小管子对着圆筒，慢慢转动手柄，这时，管子里传出了歌声，跟他刚才唱出来的一模一样。他高兴得跳了起来，能复制声音的机器——留声机终于造出来了！

留声机的历史已经有一百多年了，直到现在，人们还在广泛使用它，不过它的模样已经和当年大不相同：用来

◆ 留声机

◆ 手摇大喇叭留声机

记录声音的工具不再是裹着锡箔的圆筒，而是用胶木或塑料制成的唱片；转动唱片不用人力或弹簧发条，而用微型的电动机；音量也可以根据用者的需要通过扩音机随意扩大。现在流行的名字叫做"电唱机"。

这台留声机的问世是电声学史上继贝尔发明电话后又一伟大创举。

完美复制——静电复印机

今天,复印参考资料、文件、证件已是十分平常的事,复印机是当今办公智能化的标志。只要将文件在复印机上滚一下,几秒钟就能得到与原件一模一样的复印件。

复印机的主要部件是硒鼓,将要

◆ 复印机

复印的字迹、符号、图表等通过光照到硒鼓上,就能将这些内容"写"出来,那么这些内容是用什么"写"出来的呢?是墨粉,

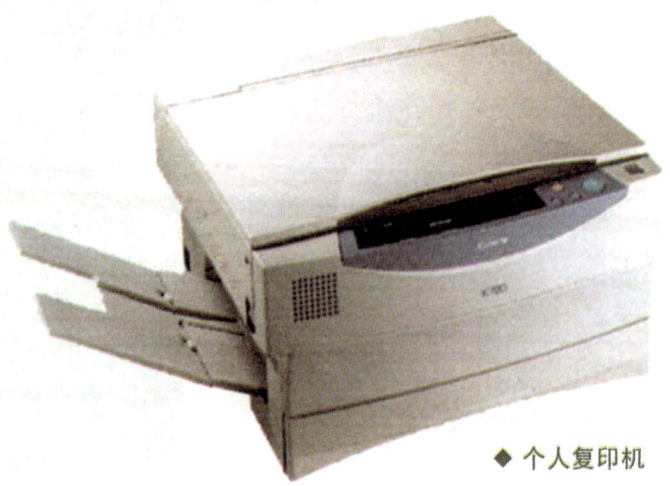

◆ 个人复印机

我们设法让带负电的墨粉吸到硒鼓的有字部分上。硒鼓转动时,让带正电的白纸通过,墨粉吸到纸上,经过高温或红外线照射,让它熔化,渗入纸中。这样便形成牢固、耐久的字迹和图表。

20世纪上半叶,美国工程师切斯特·卡尔森发现常需要多份同样内容的信函、公文送交各个部门,让秘书抄写、打字,易出差错,份数一多又耽误了工作。这种不便与麻烦使他感到要创

造一种新机器来改变这种被动局面。卡尔森潜心研究,经过长时间的探索,他成功地绘制出复印机的设计图。经过废寝忘食的研究制作,他终于制出了第一台复印机,并完成了第一张复印图片。

使复印机获得发展的

最不可思议的惊世发现

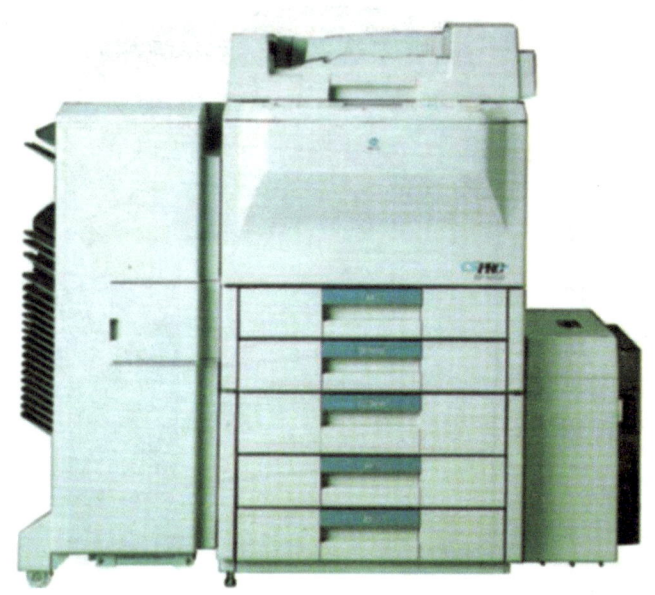

是卡尔森的接班人——鲍勃·冈拉克,他的发明中最重要的是提高了复印速度,使得复印机从原来每4分钟印1张发展至今可以在1分钟内印上150张。

经过几代人的努力,复印机又进入了一个新时代。80年代出现了全色复印机,复印出的图画与最美丽的彩色照片无异。复印机已不仅仅是办公用具,它在生产建设、科学研究中都发挥了越来越大的作用。它改变了人类的生活。

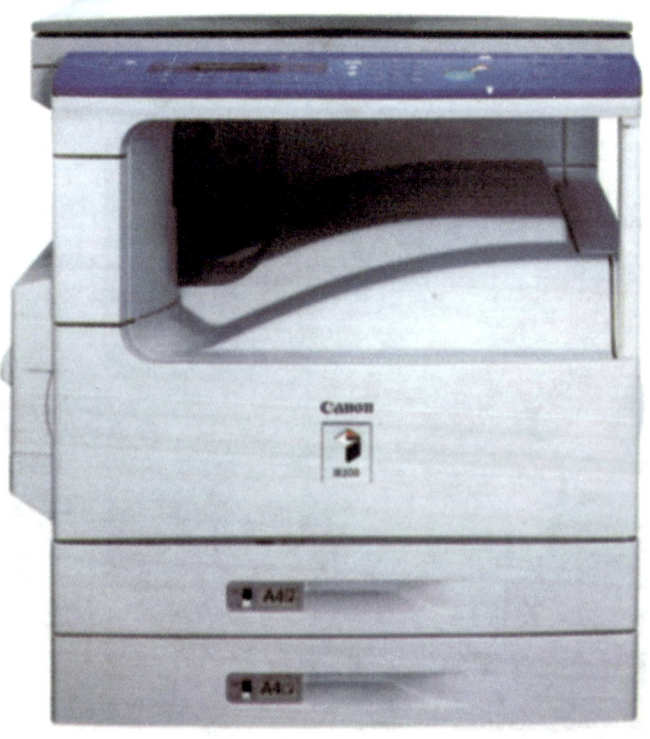

"速食"扫天下——方便面

　　方便面又叫速食面,它的发明者是日本大阪市日清食品公司会长安藤百福。二次大战后,日本民穷国贫,粮食只有在黑市上才能买得到,人们连吃饱一顿饭都成问题,为了吃到一碗热腾腾的拉面,他们必须连日在拉面店前排长队。安藤灵机一动,决心做出不用排队就能吃到的拉面。

◆ 方便面

最不可思议的惊世发现
ZUIBUKESIYIDEJINGSHIFAXIAN

◆ 方便面

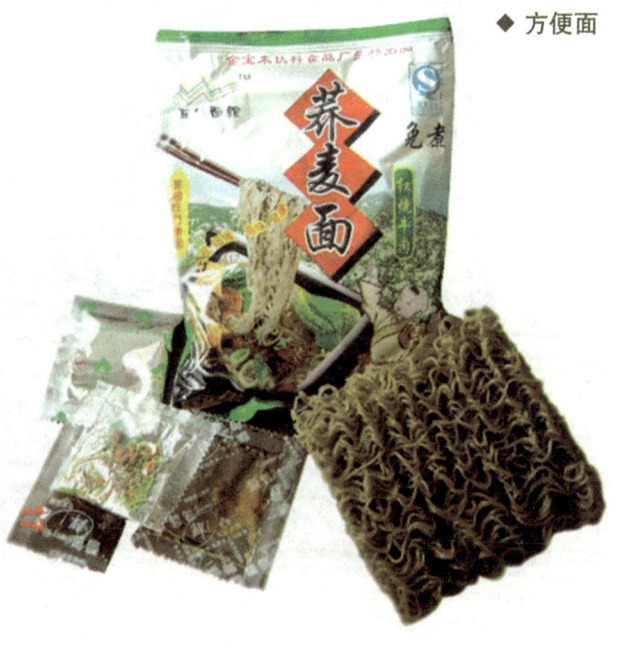
◆ 方便面

有一天,安藤看到妻子在厨房里炸食品,立即想到也可以把面条用油炸一下。裹上面衣的面条,经热油一炸,水分溅出,就出现了无数个小洞;再往炸好的面条上注入热水,热水就会浸润小洞,油炸面便还原成原来的状态,方便面的原型就这样产生了。安藤

的儿子对鸡骨汤料拉面百吃不厌，于是，安藤决定将自己发明的速食面定为"鸡骨汤面"，并将其迅速推上市场。

上市后的"鸡骨汤面"很快有了个俗名"魔法拉面"，只要注入热水，盖上盖子，3分钟后便能变成一碗热腾腾的拉面。半年后，这种方便面就成为供不应求的畅销食品。

各家厂商争先恐后，埋头钻研，力图创造出不同流派的新商品。方便面种类五花八门，如炒面、馄饨、风味乌龙面等等；汤料种类也不计其数，风味各异；面条也从油炸改为用热风烘干的"非油炸面"。聪明的日本人的发明给人类带来了方便，使这小小的方便面风行于全球。

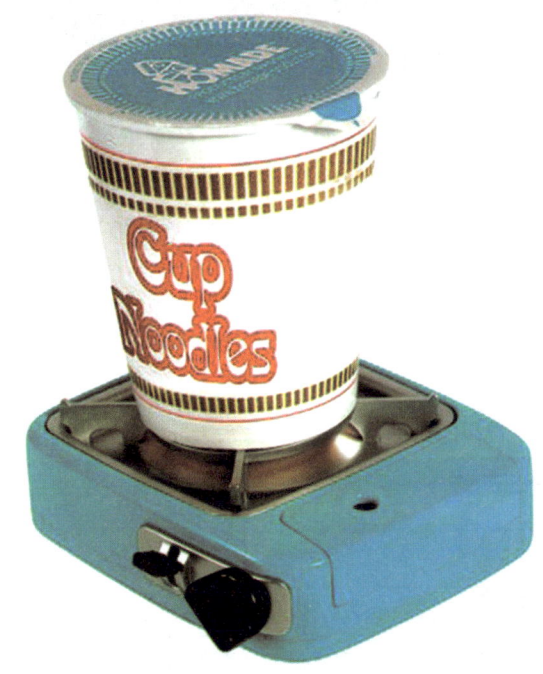

巡天遥看新奇事——电视

◆ 彩色电视机

◆ 黑白电视机

电视出现于20世纪20年代。机械电视的先驱者是保罗·尼普科,他在1883年发明了一种分解图像的机械扫描盘——"尼普科圆盘"。通过同步旋转的圆盘,把光线投射到一个区域,收看人通过一种目镜就可以看到景象了。

尼普科圆盘为机械电视的发明奠定了基础,40年后,世界上第一台机械电视在英国诞生了。

1924年，英国人贝尔德最先研制成功机械扫描黑白电视机，但机械电视存在两大缺陷：一是图像太粗糙，细枝末节根本看不出来；二是拍摄景物时需要很强的照明。一些科学家开始沿着另一个方向研制电子扫描电视。

◆ 彩色电视机

碍于当时的技术条件,科学家们的很多设想都没法实现,后来有"实用摄像机之父"之称的弗拉基米尔·佐尔金设计的一种电子扫描装置所产生的图像非常暗,模糊不清,比影子好不了多少。

1933年,佐尔金在克服重重困难之后,终于研制成功了实用的摄像管和电视显像管。同年,美国无线电公司将由240条扫描线构成的图像,成功地传输到4千米之外,显现在荧光屏上。电子电视的发明,标志着现代电视的真正开端。

中国的电视技术起步较晚,但进入20世纪80年代以后,随着改革开放的不断深入,电视机以不可阻挡之势迅速进入千家万户。这真是足不出户知天下大事。

360° 全景探秘
生活用品
发明之谜

"吃"灰尘的机器——吸尘器

整洁的环境能给人以舒适的感觉。当人们劳累了一天，回到家后，看到屋子里满地的灰尘，心里真是烦躁不安。而且有很多灰尘，根本不是用扫帚可以清除的。那么，怎么办呢？

◆ 真空吸尘器

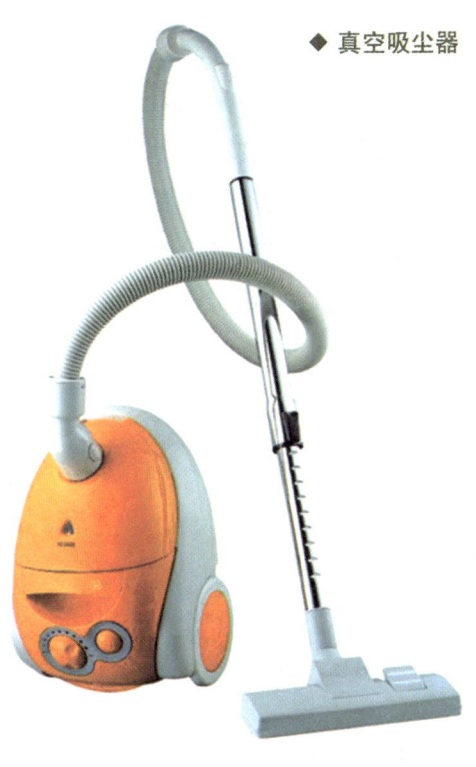

◆ 吸尘器

1811年到1876年，两个英国人分别设计了一种手动吸尘器，可是吸尘效果不十分好。

英国设计师布思开始研究设计一种更实用的吸尘器。

1901年的一天，布思路过伦敦

最不可思议的惊世发现

的一个火车站，看到有人在进行清扫器的表演：只见几个人奋力踏着风箱，风箱的出风口接了一个软管。"呼呼呼"，随着踏箱的节奏而发出响声。软管口所到之处，地面被吹得干干净净。

布思立即产生了想法：把尘土用什么东西吸收了不是更好吗？于是他跑回家就开始作试验。他趴到地上，大张着嘴，嘴上蒙上手帕。只见他使劲一吸，灰尘附在了手帕上。果真能行！经过一段时间研究，布思终于制造出了第一台有效的真空吸尘器。

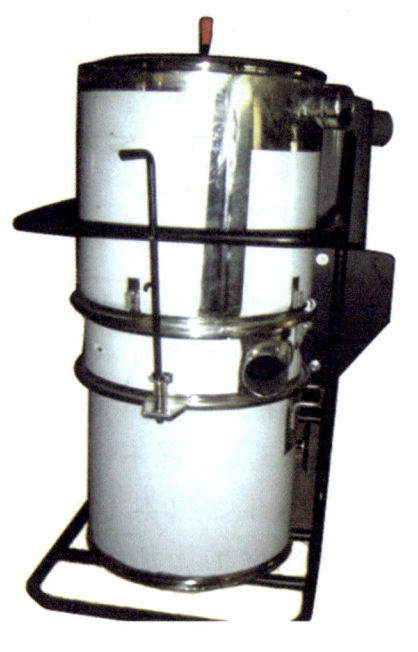

◆ 便携式吸尘器

1906年布思发明了家用吸尘器,但仍重40千克。此后几十年中,有发明家改进了真空吸尘器,并生产出了竖式吸尘器,小巧玲珑,普及率最高。

后来又有人专门制作了吸地毯的吸尘器,它用一个小轮子和两个盒子样的东西吸地毯上的灰尘。这样就使得扫地不再是又苦又累的事了,减少了人们的劳动量。

如今,面对家庭的凌乱和肮脏,人们只是轻按电钮,就解决了这个问题。

优雅的出恭——抽水马桶

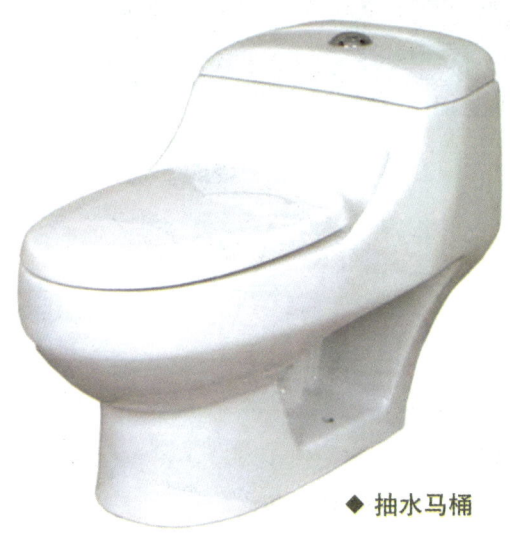

◆ 抽水马桶

宽敞明亮的卫生间里，漂亮的抽水马桶，只需轻轻一按，就解决了问题。那么，你知道抽水马桶的来历吗？

早在1595年，英国女王伊丽莎白一世抱怨她的里士满宫殿未倒空的便器恶臭难闻，她的侍臣约翰·哈灵顿爵士前来解难。他设计了一个贮水器装水，作为随时冲洗便池之用。打开水便可冲洗，一种新式厕所在里士满宫殿里诞生了。

但那时的抽水马桶没有任何排污的主管道，没有自来水，也没有钱来支付管道装调费用，大多数人根本就用不上。

1775年，英国钟表师卡明和伦敦的工匠约瑟夫·布拉梅对贮水器进行了改进。直到19世纪后期，欧

◆ 抽水马桶

洲的城镇都已安装了自来水管道和排污系统后，大多数人才用上抽水马桶，甚至像伦敦这样的大城市也在19世纪60年代才刚提供排水措施，这时许多人第一次享

◆ 抽水马桶

◆ 老式马桶

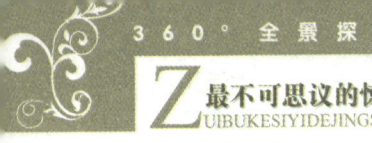

受到抽水马桶的好处。而这已是哈灵顿的发明三百多年之后的事了。

20世纪六、七十年代，抽水马桶开始在欧美盛行，后来传到亚洲。

抽水马桶的一个重要特征是S形管，或者说下水道的存水湾，它总是保存些水。这些水相当于一个密封垫，将臭味盖住。如今大部分人都已用上了抽水马桶。

由于抽水马桶的出现，解决了人类的内急之苦，体现了时代的进步性。

家务劳动好帮手——洗衣机

在洗衣机出现之前，人们洗衣服一般都是用手在水里搓、用棒槌砸或搅。聪明人发明了搓衣板，更聪明的人发现把衣服放在桶里，放上很原始的洗涤剂，如碱土、锅灰水、皂角水等，用棒搅拌也能洗干净衣服。后来有人发明了手动洗衣机，即把待洗涤的衣物放到一个盛着水的木盒子里，用一个手柄不断翻转木盒子里的衣物，也能把衣物洗干净。

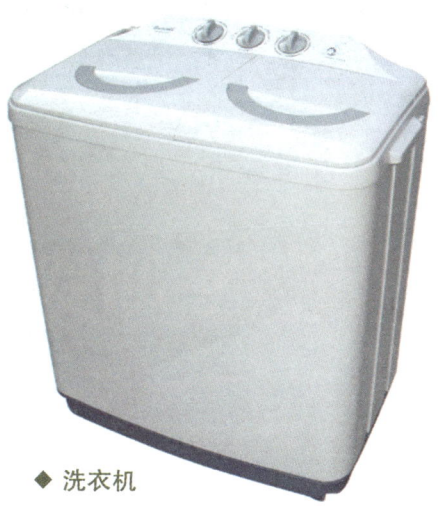

◆ 洗衣机

世界上第一台电动洗衣机是美国人阿尔瓦·丁·费希尔在1901年设计并制造出来的。直到第二次世界大战前夕，美国才大批量生产立缸式洗衣机。洗涤缸内装有涡轮喷洗头或立轴式搅拌旋翼。30年代中期，美国本得克斯航空公司下属的一家子公司制成了世界上

360°全景探秘 >>>>

最不可思议的惊世发现
ZUIBUKESIYIDEJINGSHIFAXIAN

◆ 洗衣机

第一台集洗涤、漂洗和脱水于一身的洗衣机，并用定时器控制洗涤时间，使用很方便，在市场上大受欢迎。到60年代，滚筒式洗衣机问世。高效合成洗涤剂和强力去垢剂的出现大大促进了家用洗衣机的发展。

近年来，家用洗衣机的家族越来越大，种类、型号越来越多。一件很脏的衣服扔进洗衣机，一按电钮，洗涤、甩水、烘干等各道程序

◆ 工业洗衣机

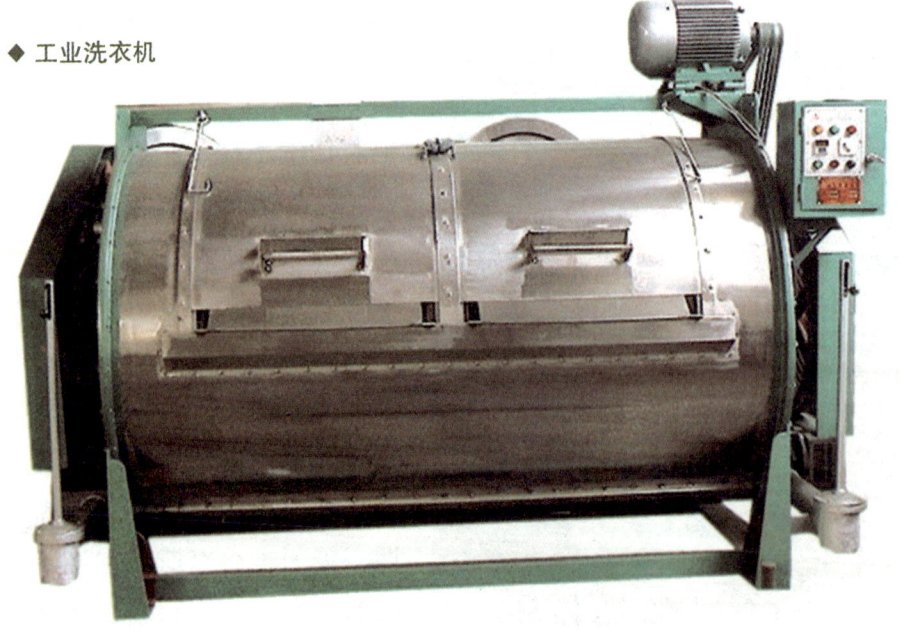

依次进行，立等就可以将一件干干净净的衣服穿到身上。

　　洗衣机已经是我们人类生活中不可缺少的必备用品之一，它的出现，提高了我们的生活质量。

唱歌引出的发明——磁带录音机

◆ 录音机

◆ 硬盘录音机

对着小小的一台机器轻声诉说，然后你的声音就会被录下来，你一定见过这种机器，它叫录音机，是一种录音的机器。

1877年爱迪生发明了留声机，实现了录音和录音的再现。但那时的录音机录制的声音的音量低，以致录音时要对着喇叭大声的喊话，当时的录音是一个非常辛苦的过程。

为了改进这种录音方式,丹麦科学家包尔森利用电话传声的原理,开始尝试用磁性储存声音,试验中声音被记录在钢丝上,但是这种磁性录音要用质量很高的钢丝和钢带,并且非常笨重不便。

在录音机广泛普及的过程中起关键作用的是美国的无线电爱好者马文·卡姆拉斯。他的改进在于在录音过程中利用空气间隙代替金属指针,避免了磁信号的破坏。

录音机的真正流行和实际应用还是在发明磁带以后。1935年德国科学家福劳耶玛发明了代替钢丝的磁带。这种

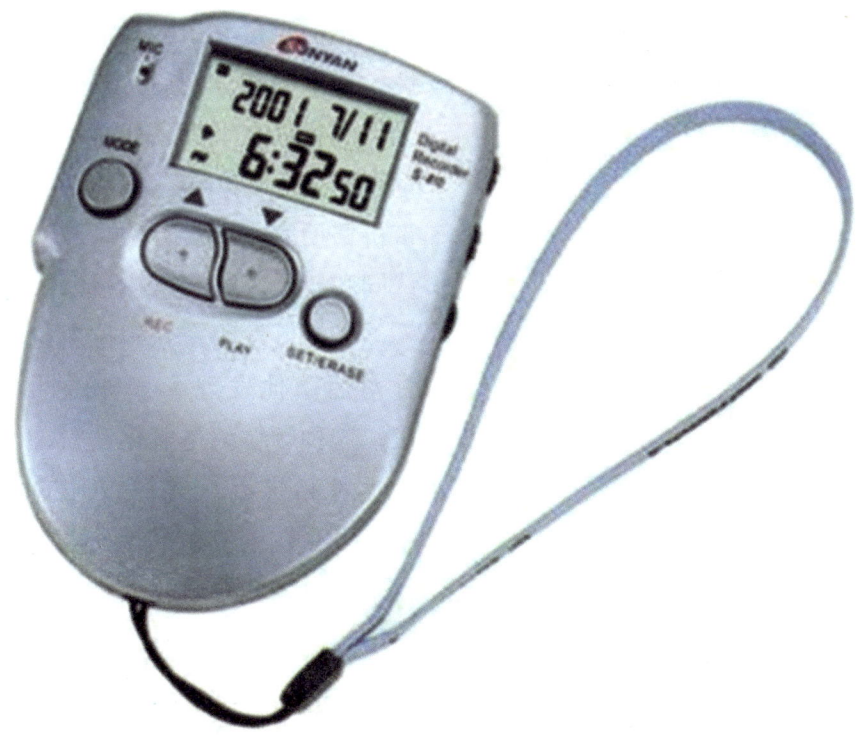

◆ 数码录音机

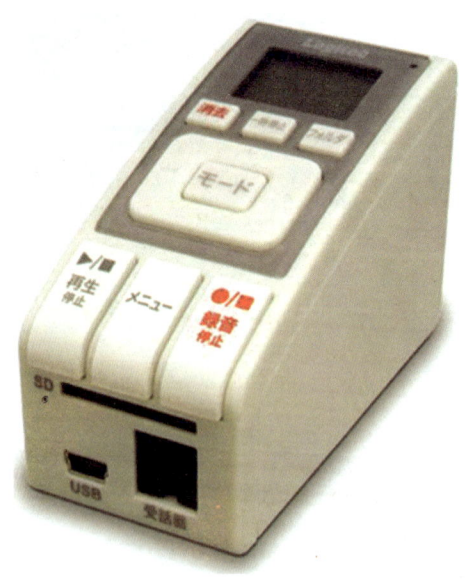

磁带不但重量非常轻，而且有韧性，便于剪切。随后，福劳耶玛又将铁粉涂在纸带上代替钢丝和钢带，并于1936年获得成功。纸带价格便宜，携带方便，被人们认同和接受。

当然，发明家卡姆拉斯也不甘落后。他发现了一种磁性颗粒，这种颗粒就是氧化铁粉。他把这种粉末混入亮漆或凡立水中，再涂在纸带和纸盘上。当涂料未干时，就将它放入磁场，在磁场的作用下，所有的颗粒就会按一定的方向排列起来。这就是现代磁带的雏形。

说古论今画中来——电影

电影，对大家来说，都不陌生，但它是怎样发明的，大家可能就不太清楚了。

大家可能都玩过转盘画儿，转盘画是个圆铁筒，筒底上一圈挨次贴着画儿，连续地画着人

◆ 电影机

◆ 早期的电影机

物、鸟兽奔跑飞翔的动作。玩的人只要把铁筒一转，那些画就连贯起来，画着的人物、鸟兽，看上去就像在跑、在飞。可以说转盘画就是现代活动电影的老祖宗。

1895年12月28日，在巴黎一个咖啡馆内，聚集着一群来

童年往事

The time to live and time to die

宾,他们是受卢米埃尔兄弟邀请来看"电影"的。在咖啡馆的墙上悬挂着一大块白布,突然咖啡馆的灯熄了,而挂白布的墙上却亮了起来,出现了一系列的画面。

这就是人类历史上第一部"真正"的电影。画面不"藏"在箱中,而是映在很大的"幕布"上。世界上一

致公认：卢米埃尔兄弟是现代电影之父。

早期电影是无声的，直到1907年，美国的福雷斯特博士，完成了影片录音式的有声电影。

后来，彩色胶片的出现，使世上的黑白电影逐渐为彩色电影所替代。随着电影技艺不断发展，一个名叫沃勒的美国工程师首先研制成宽银幕立体电影。1959年在纽约又首次映出香味电影，当放映出花及食物的画面时，剧场内就发出花香和食品的香味。70年代，电影使用了光学立体声系统，80年代又出现了球幕电影，使观众仿佛置身于其中。

回顾电影发明史，我们可以看出许多科学家作出了重大贡献。当我们欣赏优美的电影时，不应该忘记他们。

◆ 电影机

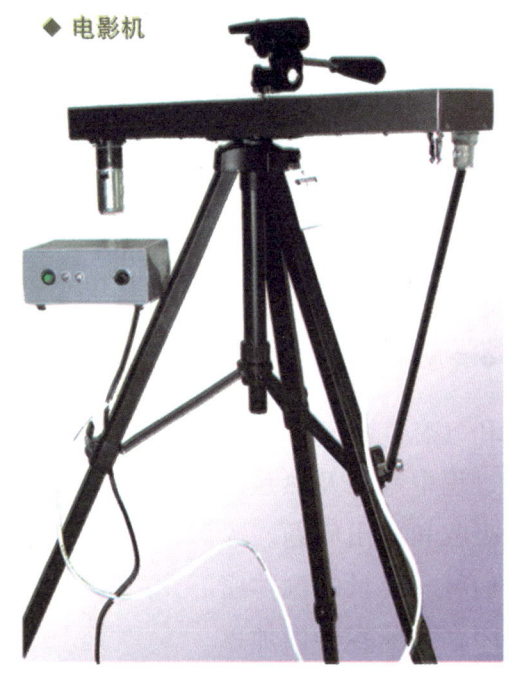

家庭"冷藏库"——电冰箱

◆ 电冰箱

电冰箱作为家用电器在现代家庭中普及率相当高。电冰箱已有80多年的历史。第一台电冰箱是1923年,瑞典两位工程师浦拉腾和孟德斯制成的。

我们知道,物体存在三态——固态、液态和气态。在三态转换过程中都涉及热量的吸收和放出问题。人们将一定量的气体密闭在某一容器内加以压缩,气体温度就会升高;反过来,让压缩的空气迅速膨胀,气体温度就会降低。在一次压缩和一次膨

◆ 电冰箱

胀的过程中，就会有放热和吸热的过程发生。电冰箱制冷作用，就是借此来完成的。

电冰箱虽有单门和多门之别，但通常都是上部（或上室）作冷冻室，温度低；下部（或下室）做冷藏室，温度较高。这是利用了空气的比重与空气受热情况有关的特点。

这里要提出的一点是，冰箱的制冷剂是氟利昂，它会严重地污染大气，造成对大气臭氧层的毁灭性破坏。人们从近期全球灾害性天气增多，尤其是全球

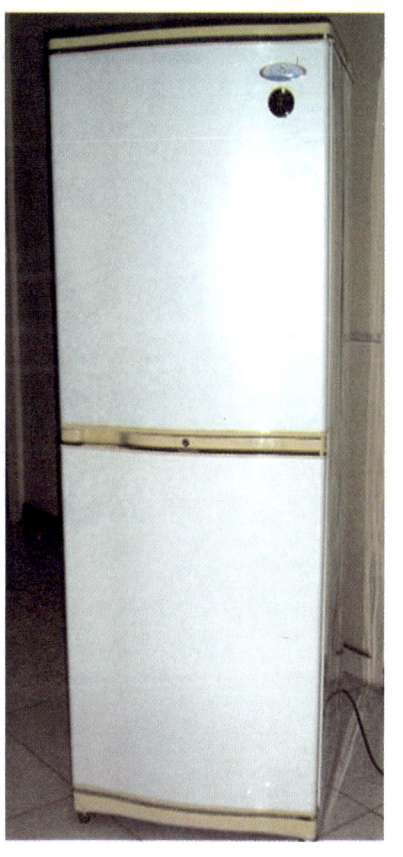

气温升高的变化中，才意识到大气臭氧层遭破坏的严重性。2000年，国际上禁止使用以氟利昂为制冷剂的冰箱的生产。1991年初，美国杜邦公司宣布，它已研制成功并将推出第一批氟利昂的代替品。这为人类的安全作出了贡献。

最不可思议的惊世发现

◆ 电冰箱

最·不·可·思·议·的·惊·世·发·现

五、医药用品发明之谜

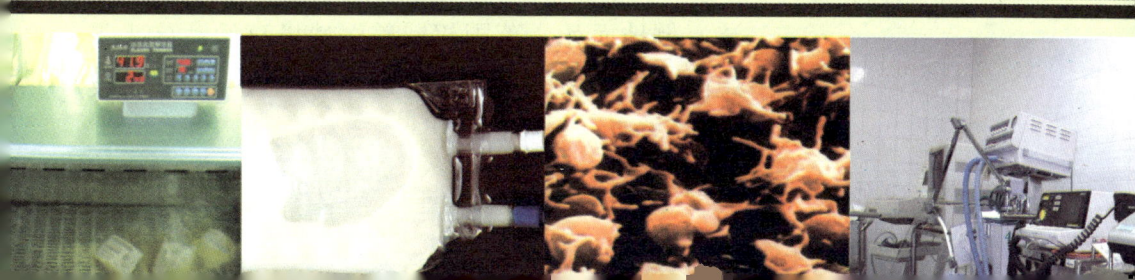

克服人类的恐慌——治愈疯牛病

◆ 疯牛病

1972年,美国科学家普鲁西纳收治了一位克雅氏病病人,以前这个人聪明伶俐,得病以后,渐渐变得双手颤抖,智力衰退,记忆模糊。普鲁西纳对这个病人的脑脊液进行化验,却没有发现致病的病菌或病毒。后来,这位病人终于去世了。普鲁西纳下定决心要揭开这个病人发病的原因。

普鲁西纳在学校里搞了一个实验室,苦苦寻找着引起克雅氏病的病因。经过艰苦的研究后,一种新的致病因子终于被普鲁西纳发现了。

1986年10月间,英国阿福升德镇的一头黑白奶牛病了,它变得没精打采,四蹄发软,口吐白沫,倒地而死。英国权威兽医威塔克诊断这头牛患的是疯牛病。10年后的1996年,疯牛病席卷英

◆ 我国专家在研究疯牛病

伦三岛，造成了一场巨大的灾难。

更加可怕的是，疯牛病还传染给了人类。1996年3月，英国发现了10例疯牛病病人，意大利和法国也有人患上了疯牛病。

疯牛病也是一种克雅氏病。它也是由朊病毒引起的疾病。幸好，普鲁西纳已经揭示了朊病毒引发克雅氏病的机制，为人类战胜疯牛病指明了方向。虽然目前还没有战胜疯牛病的良方，但是科学家们相信，在普鲁西纳研究成果的基础上，有可能找到战胜疯牛病的办法。普鲁西纳的研究成果也为世纪病的防治带来了希望。

人类体外授精的结晶——试管婴儿

随着科学的进步,大自然不再只有千篇一律的生育模式,科学家们已经成功试验了试管婴儿,这是人类发展的一大进步。

试管婴儿成功的关键是体外受精和胚胎移植。体外受精,就是使精子和卵子的结合在生物体外进行。胚胎移植,是把在体外受精中获得的受精卵移植到子宫中去,让它在那里着床生长。

英国科学家斯特普托和爱德华兹经过了多年体外受精和胚胎移植研究,1978年7月,在英国一家医院里诞生了世界上第一例试管婴儿。原来,婴儿的母亲布朗夫人由于输卵

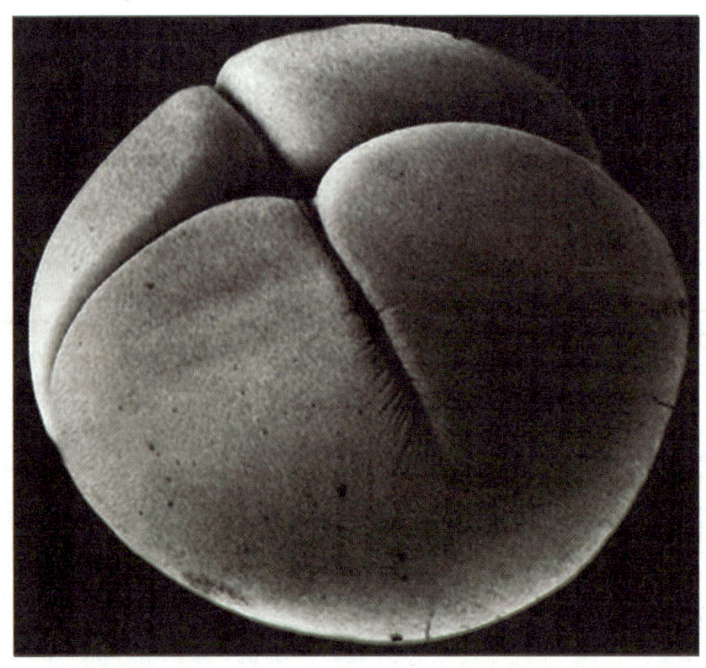

◆ 受精卵的卵裂

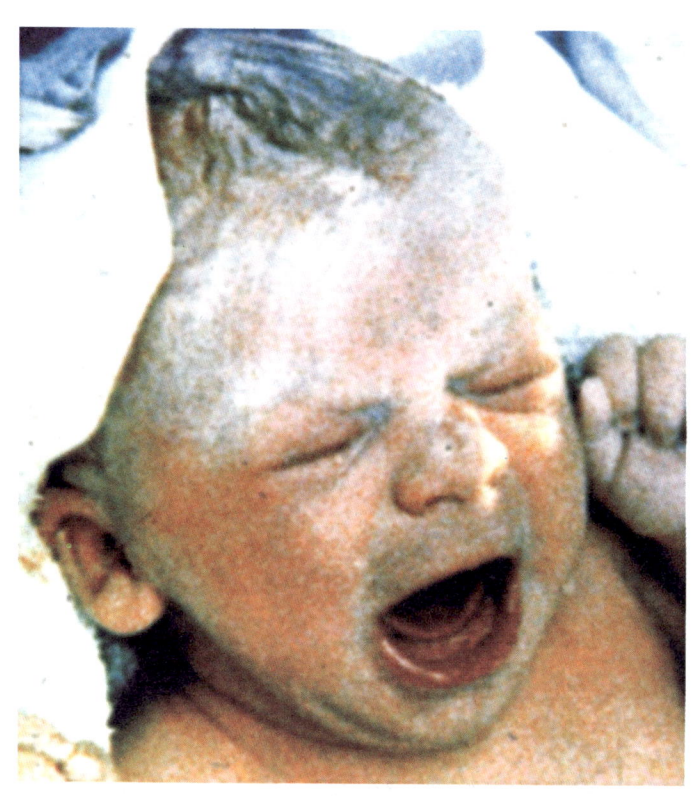

◆ 世界首例试管婴儿

管阻塞，结婚9年一直没有怀孕。到英国兰开夏奥德姆医院求治，医学生理学家斯特普托和爱德华兹决定用人工方法帮助她受孕生育。小布朗问世以后，一个又一个试管婴儿诞生了。

　　试管婴儿的研究，使人们对生殖生理有了更深入的了解，可以找到更好的避孕方法。人类大家庭中出现了特殊的一族，它们是通过人工方法产生的。他们和他们的父母，都将感谢科学为他们带来的福音。

捍卫生命的"天使"——青霉素

青霉素是一种抗菌素类药物，它的发现开辟了全世界现代医疗革命的新阶段，这首先要归功于英国细菌学家亚历山大·弗莱明。

第一次世界大战期间，从前线撤下的伤员们，伤口往往已经感染，而一旦感染到血液，人们便无能为力。此情此景深深地印刻在弗莱明脑海中，他迫切希望能够寻找到一种能够杀死病菌的药物。

几年之后，他的工作有了突破。秋季的一天，弗莱明意外地看到在葡萄球菌的培养皿中长出了一种青色的霉菌，竟将其周围的葡萄球菌块溶解，以至于凡是培养物与青色霉菌接触的地方都没有平时那种大片黄色细菌，而是干干净净的一圈。

弗莱明立即着手鉴定并培养这些

◆ 青霉素抑制葡萄球菌

◆ 高效青霉素菌体蛋白

神秘的霉菌。试验结果表明，它除了能杀死葡萄球菌外，还有阻止肺炎菌、链球菌、白喉、炭疽病菌等多种病原菌发育的能力。即使将其稀释数百倍甚至1000倍，也仍有良好的杀菌能力。弗莱明推论，这种杀菌剂是青霉菌在生长过程中的代谢产物，遂称之为青霉素。

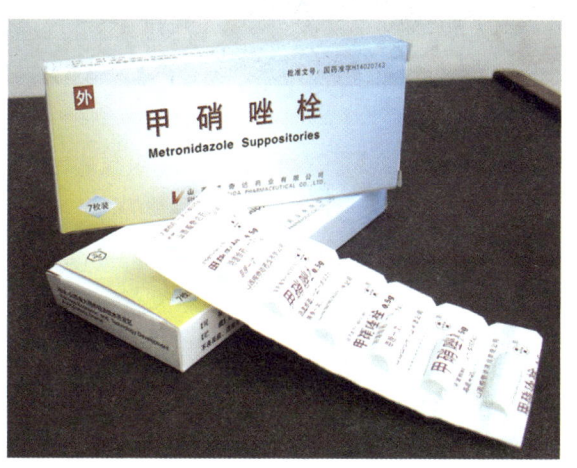

◆ 青霉素V钾片

经过科学家们十几年的实验证明，青霉素的杀菌效果确实非同一般，青霉素的应用创造了医学史上的辉煌奇迹。作为第一种实际可用的抗生素，它治愈了二战中受伤的大量官兵，挽救了成千上万人的生命。

破译遗传的密码——DNA

◆ DNA结构图

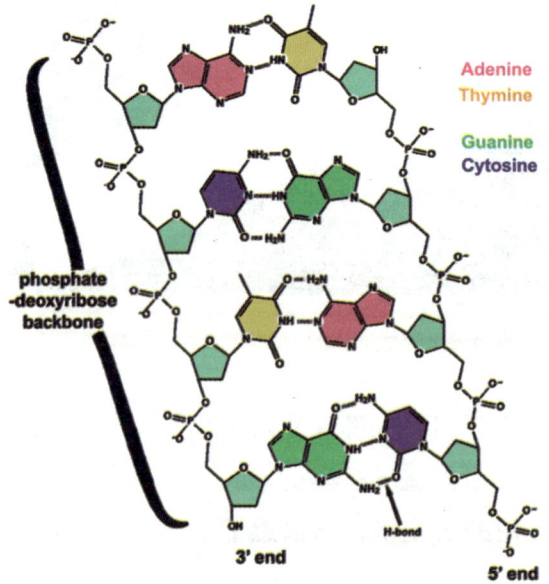

◆ DNA化学结构图

　　DNA是脱氧核糖核酸，它直接决定生物体的遗传。孩子为什么有的地方像父亲，而有的地方像母亲呢？从本质上讲是因为孩子身上的DNA模板有一半来自父亲，另一半来自母亲。DNA把父母的遗传信息都带给了孩子，这就是我们常说的遗传。

　　DNA首先在1869年由德国生物化学家米舍尔所发现。后来在确定DNA分子结构的过程中，英国生物物理学家威尔金斯的X光绕射研究起着举足轻重的作用，他发现了DNA的分子是有规律的，研究还显示DNA结构有可能是螺旋体。

生物学家克里克和沃森开始着手DNA研究的工作：他们攒出一个高约两米的双螺旋模型，以此从化学方面来解释孟德尔的理论。他们的模型标明DNA是一个双螺旋的结构，很像一段螺旋的梯子。克里克以螺旋状物说明了X线绕射的基本原理，并使他从众多的生物高分子研究专家中脱颖而出。此后，他提出了许多蛋白质X光绕射的说明和解释，他所提出的DNA结构和遗传密码的分解方法都对科学研究作出了极大的贡献。

自20世纪70年代初以来，生物学家已经能从所有生物那里提取DNA切片。对DNA的科学研究，掀起了一场生物学的革命，使人类又进入了一个崭新的天地。

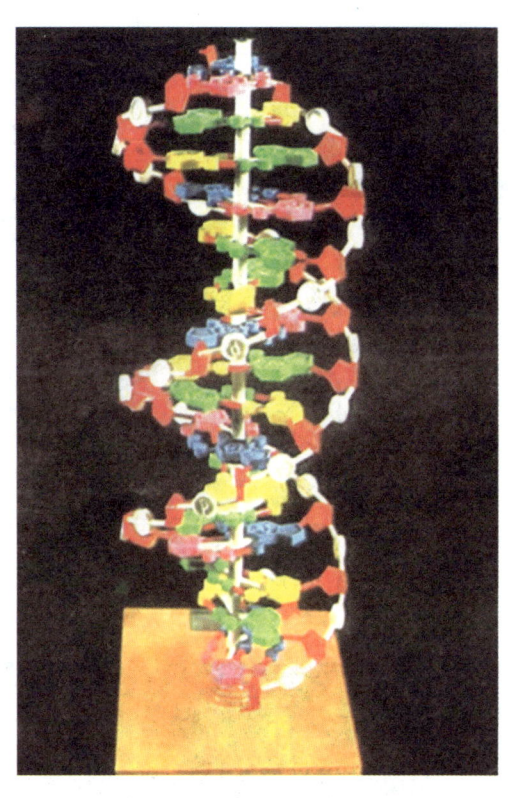

◆ DNA分子的结构模型

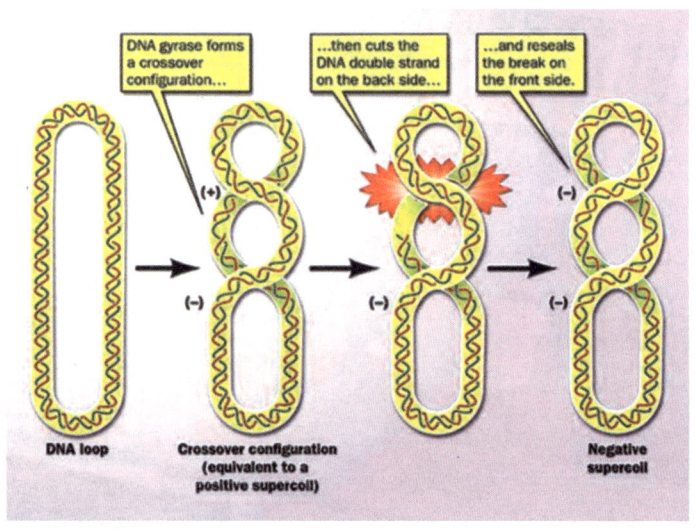

360° 全景探秘 >>>>

最不可思议的惊世发现
ZUIBUKESIYIDEJINGSHIFAXIAN

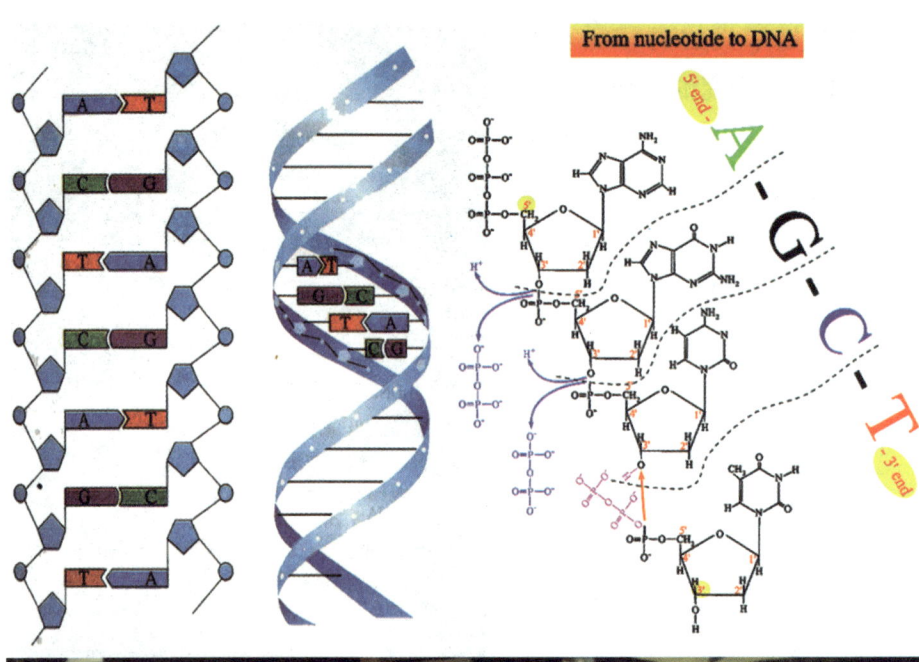

"天花"无法开放——牛痘接种法

牛痘接种法的发明与推广,是医学史上划时代的事件。它让人们摆脱了天花的袭击,战胜了这一传染病。

天花是一种蔓延极广、危害极重、流行已久的烈性传染病。16世纪墨西哥约有350万人死于天花,17世纪欧洲各国每年有数万人因此丧生;18世纪,英国10岁以内儿童死亡的1/3是由天花

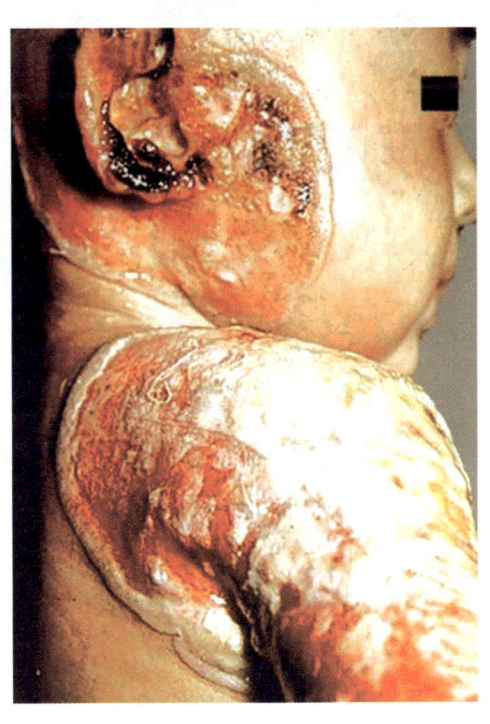

◆ 坏疽性牛痘

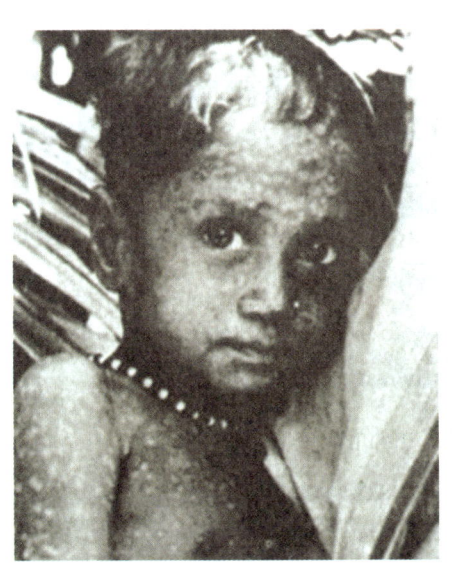

造成的。对天花的防治,世界各国都进行了积极探索。中国所独创的种人痘的方法虽有一定的效果,但很危险,失败率也高。中国的种人痘是这样的:从刚得过天花的人痘中取出一点脓液和痘

◇ 牛

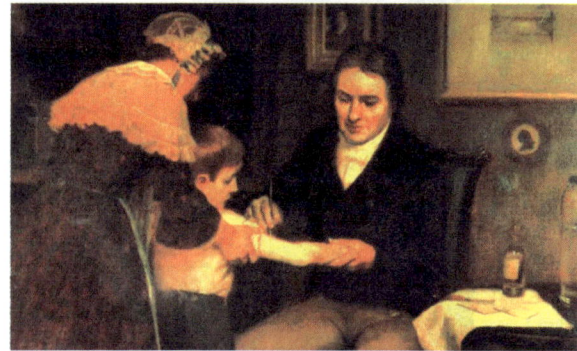

痂，种到要预防天花的小孩子身上。事后，小孩子有了反应，以后就不会出天花。于是这种方法便广为流传。

在英国，由种人痘演变为种牛痘的方法是英国医生詹纳所独创。他偶然发现，牛马身上也常长各种痘，模样与人痘相似。他想到种人痘所要受的痛苦，所要面临死亡的威胁，就想改变这种危险的方式，将牛痘引进人体。这种方法经过实验证明可行，人们慢慢接受了种牛痘这种方法。

1980年5月8日，第三届世界卫生组织大会庄严宣布：危害人类达数千年之久的头号瘟神——天花已从地球上彻底根除。这是一个延长人类寿命的奇迹，我们在天花面前束手待毙的日子一去不复返了，而发明种牛痘的詹纳永远活在人们的心中。

明明白白你的心——心电图的功效

心脏，是人体一个非常重要的生命器官。人的寿命如果到70岁，以每分钟心跳72次计算，一生要跳动25亿次。

1889年，英国生理学家华勒教授利用微电子管电流计观察狗的心电变化。他把一条站着的狗右前腿和左后腿分别放进两个盛着盐水的大杯子里。因为盐水导电，所以用电线通到电位计上，能把狗的

◆ 心电图

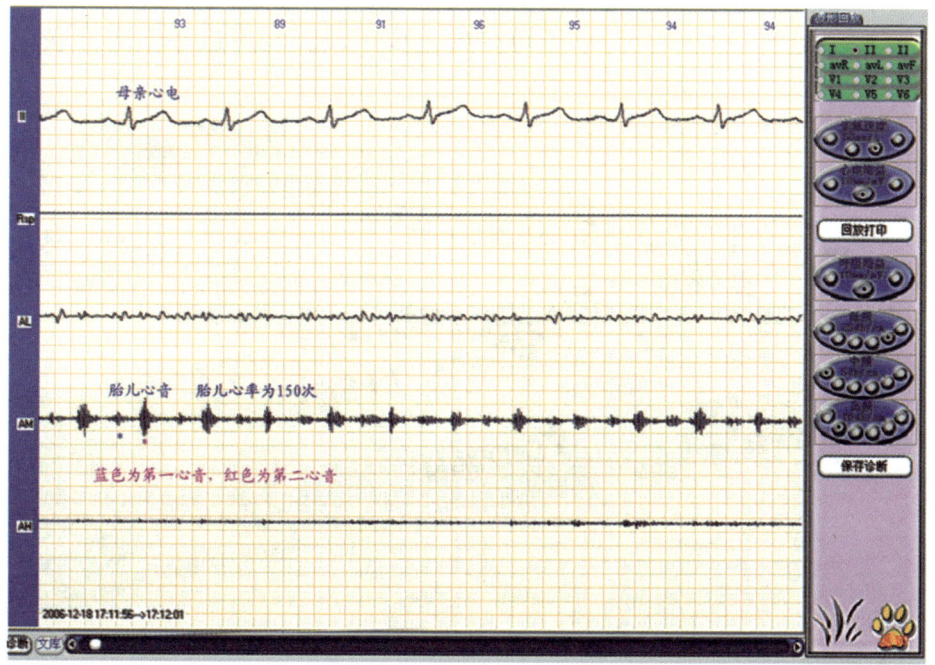

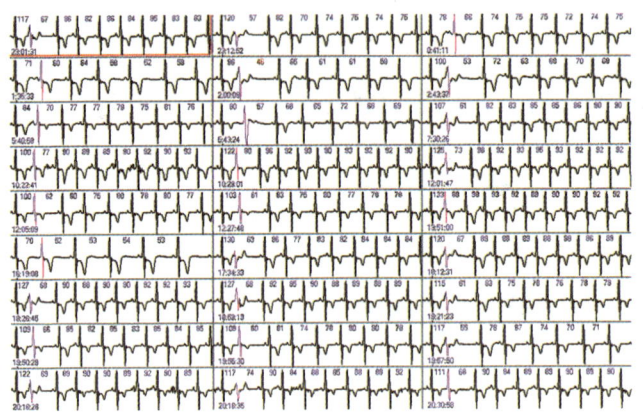

◆ 动态心电图

心脏活动所产生的心电变化测出来。他认为用此方法也能描记出人的原始心电图。他预言,将来一定能研制出精密的电学仪器测出人的心电变化。

1903年,荷兰科学家爱因托芬发明了弦线电流计,并用它成功地记录了人的心电图形。这一创举为心电图学的形成与发展奠定了基础,并起到了积极的推动作用。如今,心电图已是诊察心脏疾病必不可少的重要手段。利用这些不同导联记

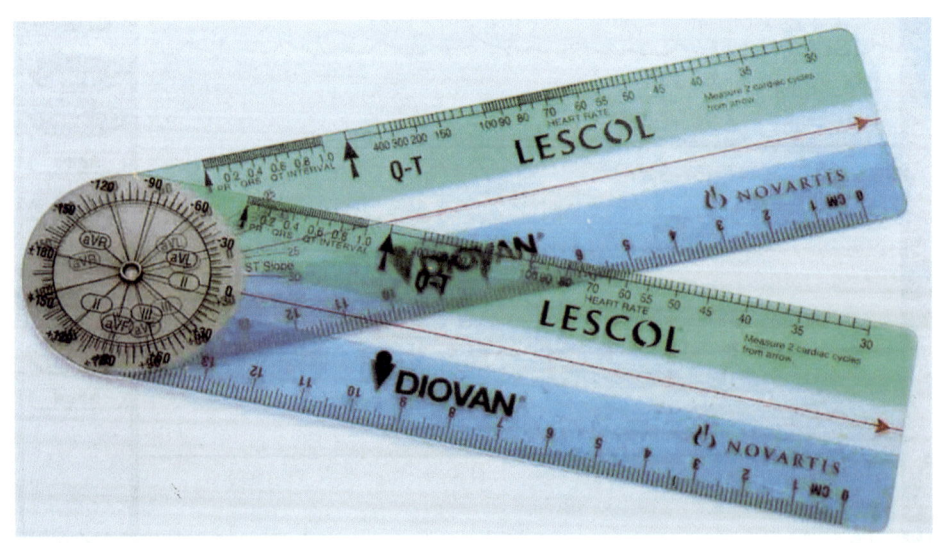

◆ 心电图尺

录出的心电图的特殊变化，可以看出心脏扩大、心肌缺血、心肌梗死、传导异常、心律紊乱等。

最近30年来，随着电子技术的飞速发展，心电图的检查也发生了突飞猛进的变化，各种心电图，再加上心脏彩色B超及电子计算机X线断层等检查，完全能看透你的心。如果哪个地方有局部缺损或功能障碍也能显示得明明白白。

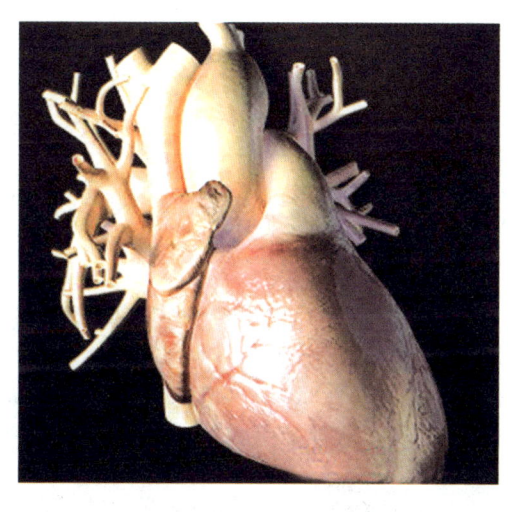

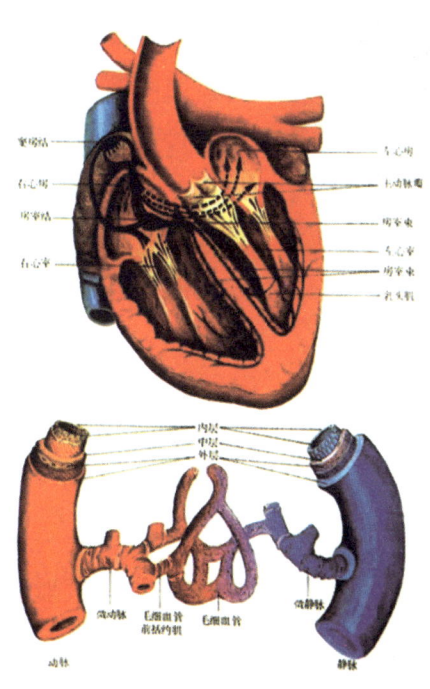

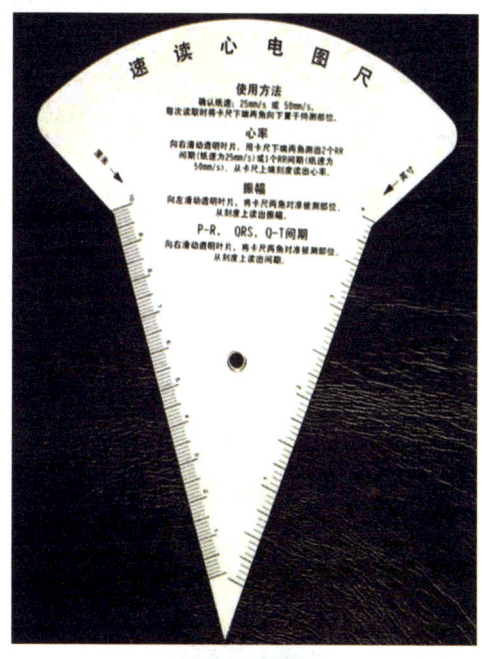

输血不再辉煌——人造血的诞生

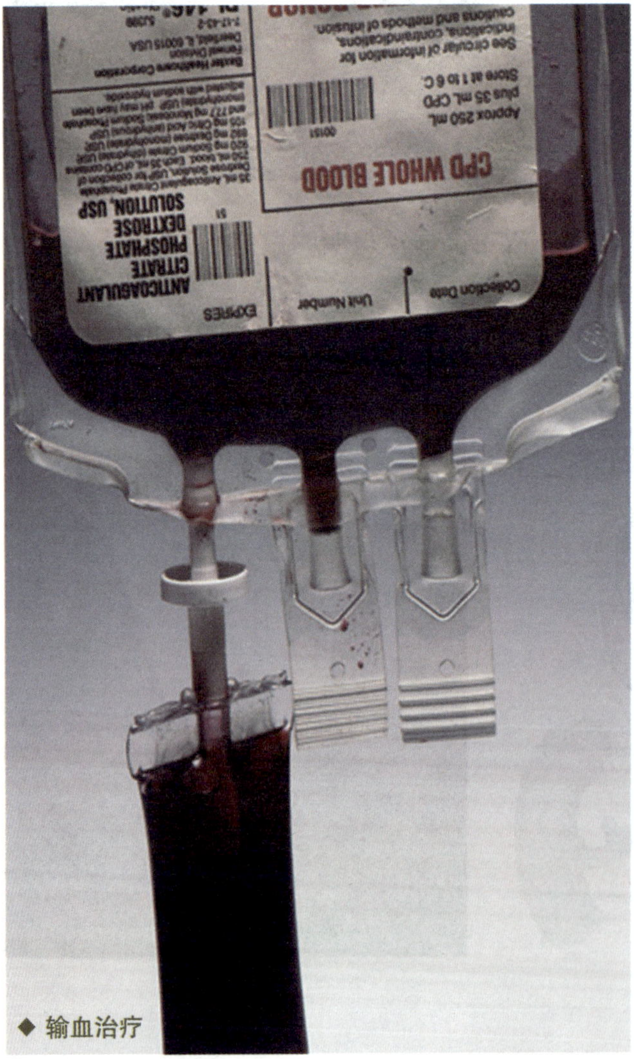

提起输血,在医学史上有五百余年的历史。人类经历了一个漫长而又艰难的探索历程。

直到1900年,维也纳医生卡尔·兰德斯坦纳在实验中,将自己的血和另外5人的血混合在一起,发现有的均匀混合,有的发生凝结。经反复研究,分出人类的不同血型,初步定出A、B、O血型。从此,输血前要先配血型和交叉试验,只有血型适合的人才能输血。安全输血自此开始。

◆ 输血治疗

随着输血技术的发展，还将血液中的红细胞、白细胞、血小板、血浆等分开，实行一血多用，治病的范围更广泛了。应该说，在20世纪医学中，抢救严重外伤、烧伤、感染病人或实行大型手术，输血是起死回生的重要而关键的医疗环节之一。但是组织血源很难，血型不对、血液不净更容易引发感染乃至死亡，能不能设法研究出人造血液代用呢？回答是可能的。

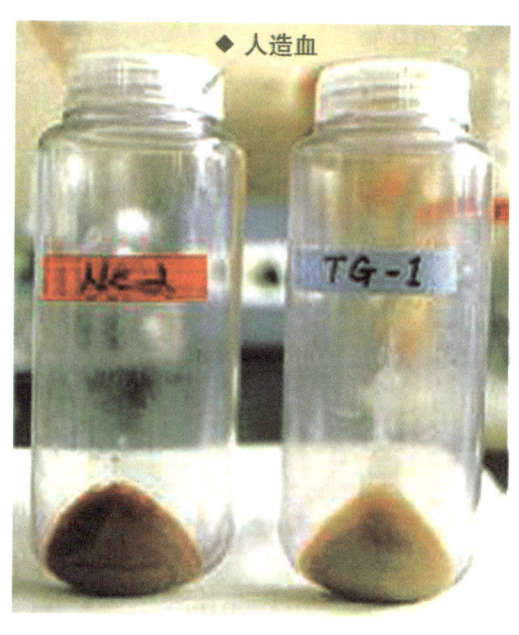
◆人造血

日本于1978年研究成功以氟碳为主的人造血，给一位大出血病人使用，输入1000毫升人造血，收到了良好效果。我国从1975年开始人

◆新型人造血

最不可思议的惊世发现

造血研究,1980年6月19日在上海临床应用获得成功。

人造血是白色的复杂化合物溶液,使用不受血型限制,人人均可使用,但是,人造血还有不少缺憾之处,如不能输送营养物质,不能维持酸碱平衡,不能调整电解质平衡,对人体的免疫功能、凝血功能还无能为力,在体内的寿命不长等等,这些还有待进一步完善。

在高科技大显身手的21世纪,人造血定能创造辉煌。

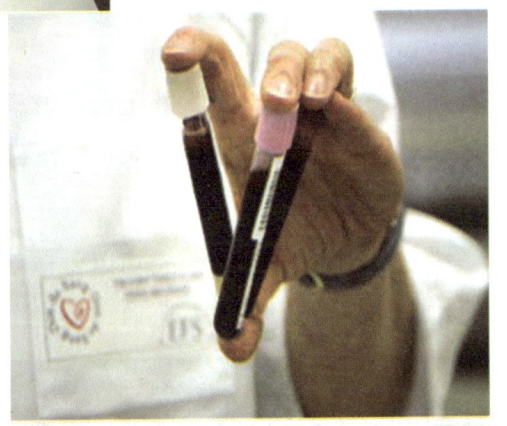

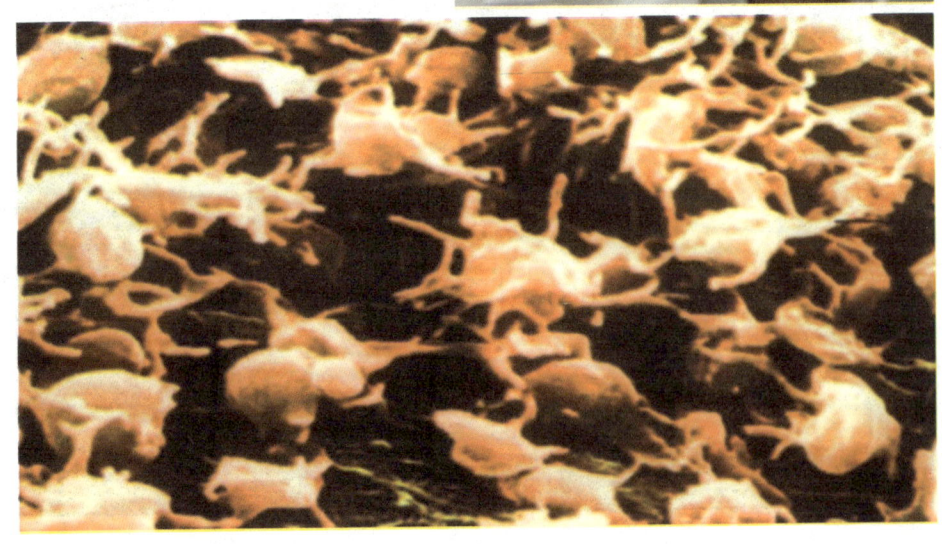

心脏病人的福音——心脏起搏器

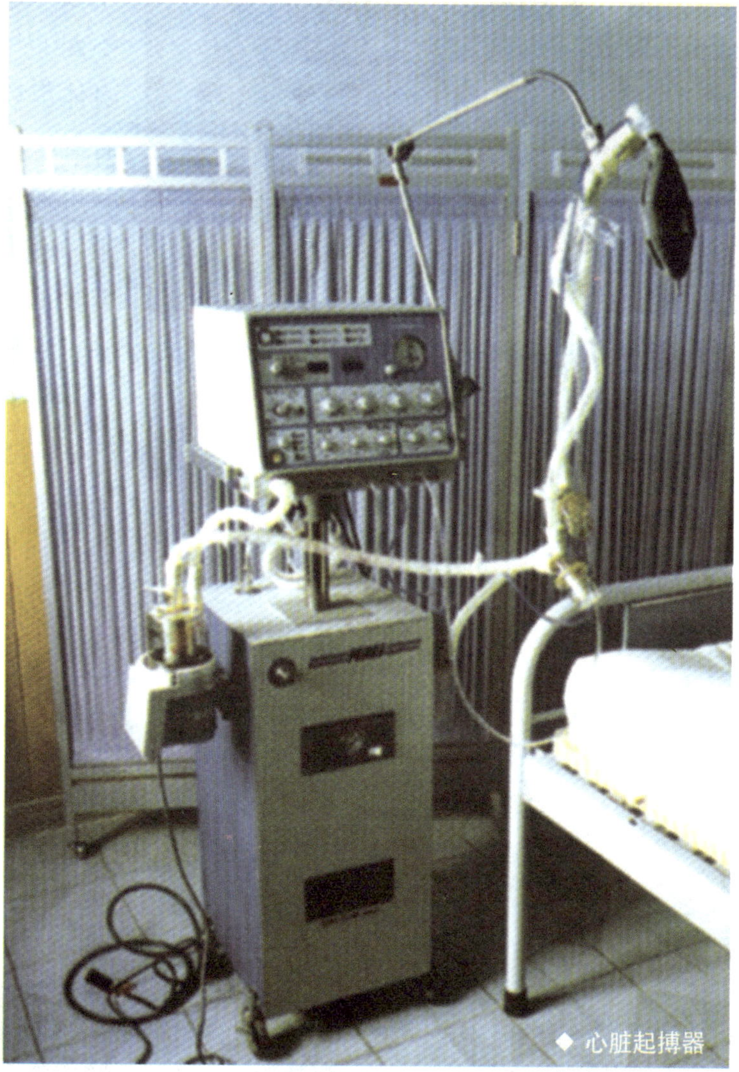

心脏是通过内在的有节奏的电脉冲系统的控制来输送血液的。医学研究表明，有两根主要的神经通向负责泵送血液的心室，如果有一根神经工作不正常，心脏跳动就会变得紊乱，如果两根神经同时有数分钟工作不正常，就会致人休

◆ 心脏起搏器

最不可思议的惊世发现

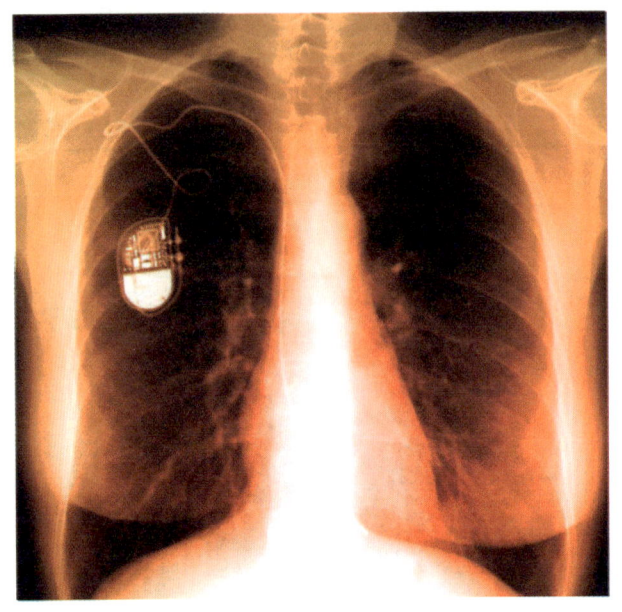

◆ 心脏起搏器在人体内

克。心脏里还另有一套备用的脉冲系统,在紧急的情况下,它会启动促使心跳泵血。但是这时的心跳要比正常情况下慢一半,所泵出的血不足以较长时间维持身体正常需要。于是便有医学家研究是否可以利用外界的"力量"刺激,使第一套神经系统恢复正常工作,促使心脏正常泵血。

第一个提出这个思路的是美国外科医生沃尔什,他把一个电极安在心脏刚停止跳动的病人的皮肤上,把另一个电极握在右手中,与此同时,左手有节奏地轻

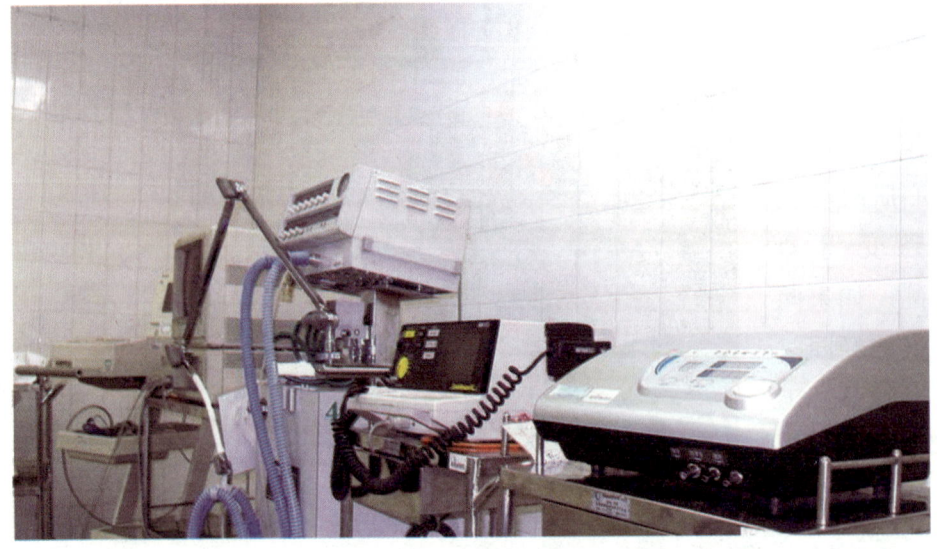

压病人的胸膛，就会促使心肌收缩，病人的心脏就会重新跳动起来。他称这种设备为"电手"。

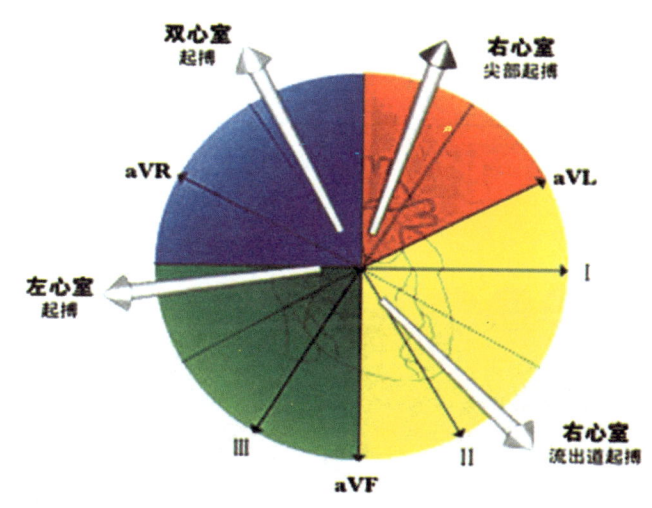

第一个研制出具有临床使用价值"电手"的人是美国心脏专家海曼。他于1932年研制成第一台"人工心脏起搏器"。经过许多人的努力，现在，已经研制出十几种不同的心脏起搏器。

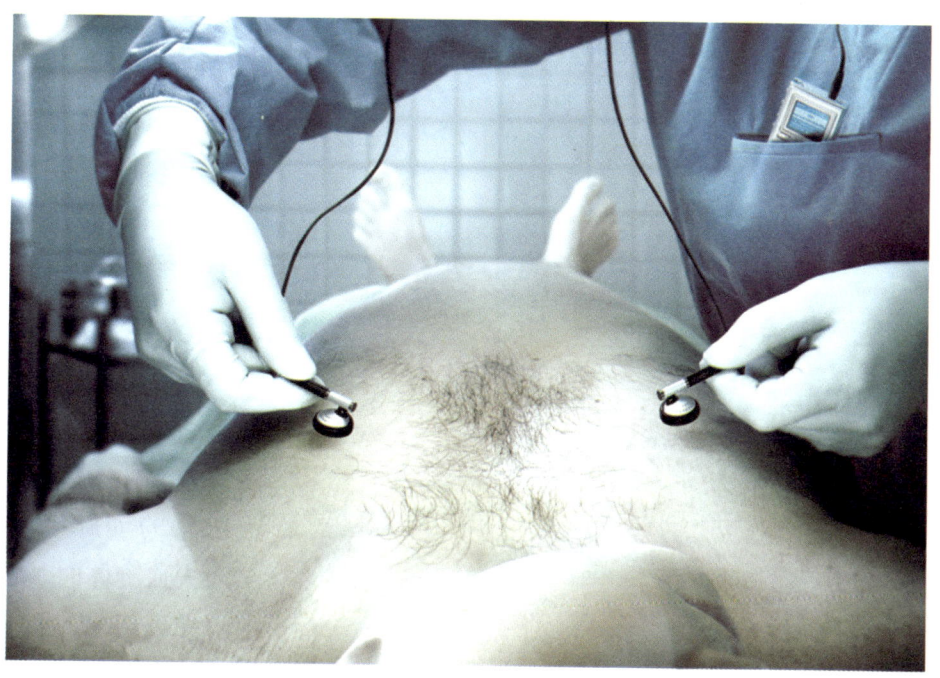

殷殷鲜血脉脉情——输血技术

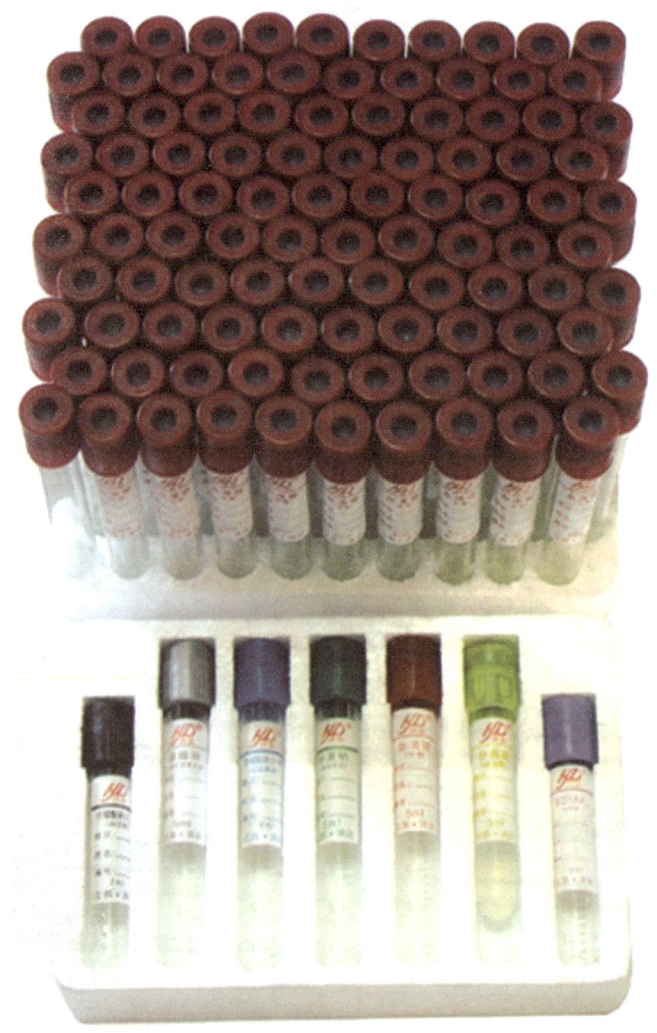

◆ 一次性贮血管

与生理学领域的其他实验一样，人类第一次关于输血的尝试也是从动物身上开始的。1665年，英国解剖生理学家理查·劳卫尔在两条狗身上做了输血试验。他先将一条狗放掉部分血液，再将一根细管的一端插进另一只狗的颈动脉，细管的另一端接入失血狗的动脉。由于血压的作用，血液不断地从供血狗的动脉中流入失血狗体内。实验完成后，失血狗马上恢复活力,而供血狗四肢无力,瘫倒在地上。这次实验向世人证实输血的方法是可能的。

1881年,一位妇产科医生布伦德尔大胆地尝试了人与人的输血,他用黄铜制造的注射器从一位健康的男子身上抽出了一些血液,并利用专门设计的漏斗状的专供失血产妇用的输血器将血液输入到了产妇的体内,获得了成功。

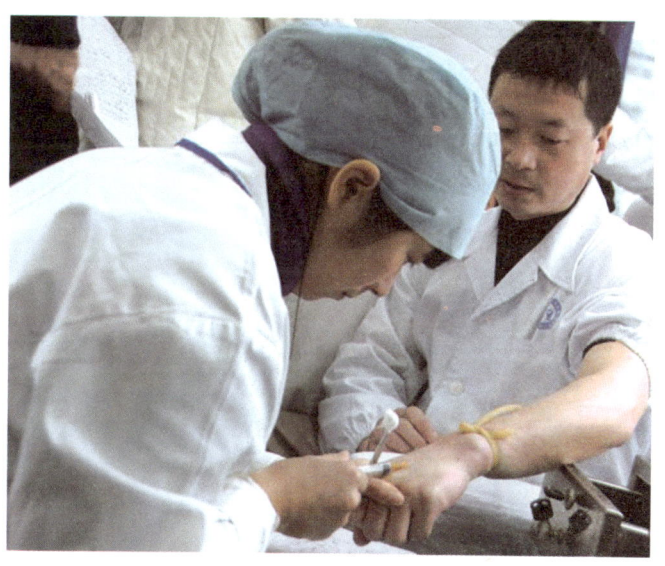
◆ 献血

但人们很快发现接受血液的病人并不是全部康复了。在10名病人中,有4人保住了性命,而另外6名受血者却更加痛苦的死去。人们意识

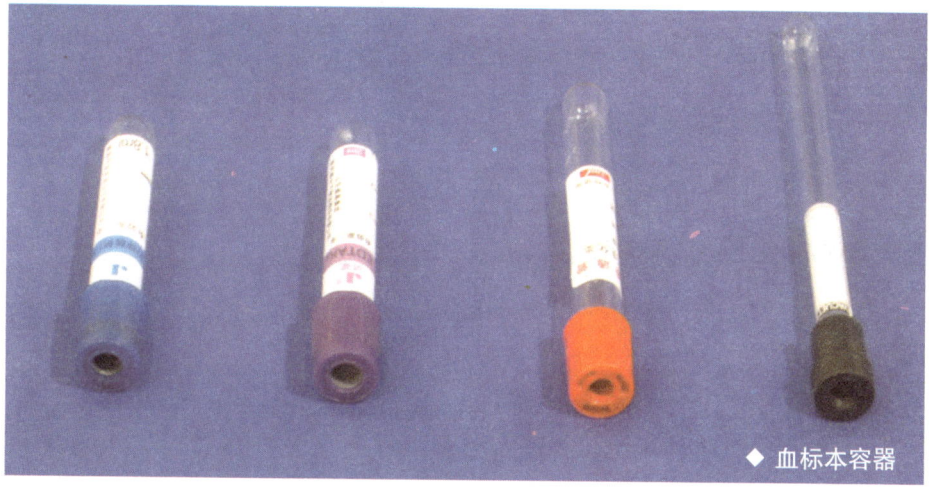
◆ 血标本容器

360°全景探秘 >>>>

Z 最不可思议的惊世发现
ZUIBUKESIYIDEJINGSHIFAXIAN

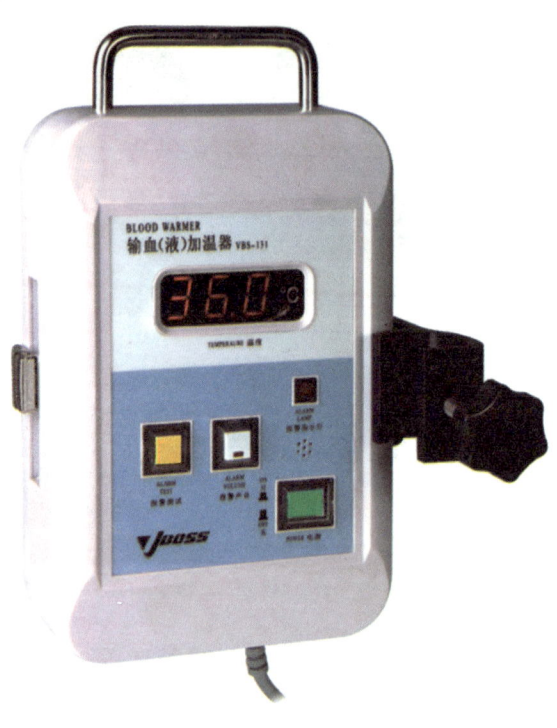

到输血技术中还存在致命的缺陷。

1902年医学工作者狄卡斯德洛在前人研究的基础上,进一步通过实验得出人类存有四种血型:A、B、AB、O。异型血液混合时,由于含有对抗的凝集原和凝集素,而产生凝集,这样的人就不能相互输血。而相容的凝集原与凝集素相遇,血液才不会凝集,这样的人就可以彼此输血。根据这个道理,人们终于确立了"输同型血"的输血原则。

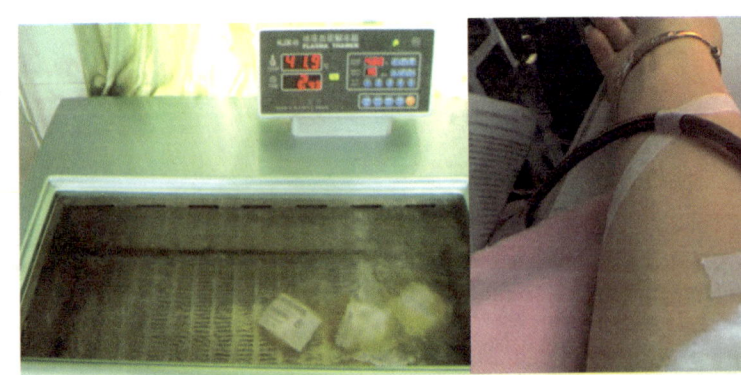

医疗史上划时代的革命——基因疗法

一个美国小女孩,从呱呱坠地之日起,就不得不被安置在内部空气高度净化的"隔离罩"中,依靠输液维持生命。因为她患有一种先天性的"重症联合免疫缺陷病",极容易被周围的病菌、病毒感染,并产生致命的严重后果。她满4岁时,白勒司等医生以"基因疗法"使她离开了相伴4年的

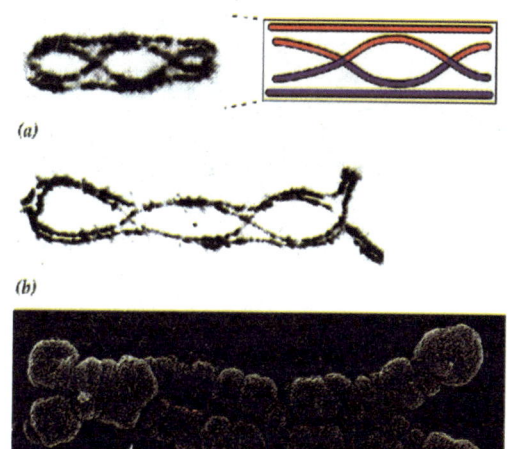

◆ 基因组合

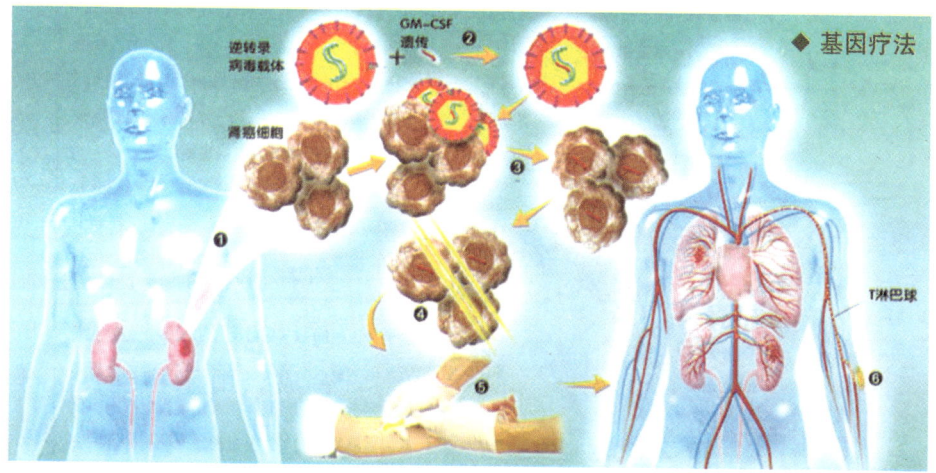

◆ 基因疗法

最不可思议的惊世发现

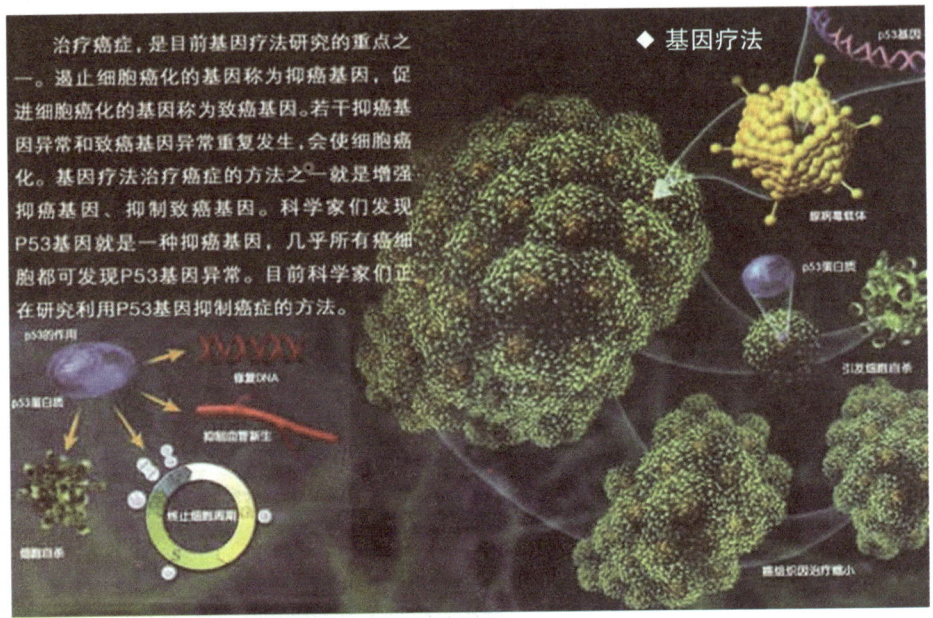

◆ 基因疗法

治疗癌症,是目前基因疗法研究的重点之一。遏止细胞癌化的基因称为抑癌基因,促进细胞癌化的基因称为致癌基因。若干抑癌基因异常和致癌基因异常重复发生,会使细胞癌化。基因疗法治疗癌症的方法之一就是增强抑癌基因、抑制致癌基因。科学家们发现P53基因就是一种抑癌基因,几乎所有癌细胞都可发现P53基因异常。目前科学家们正在研究利用P53基因抑制癌症的方法。

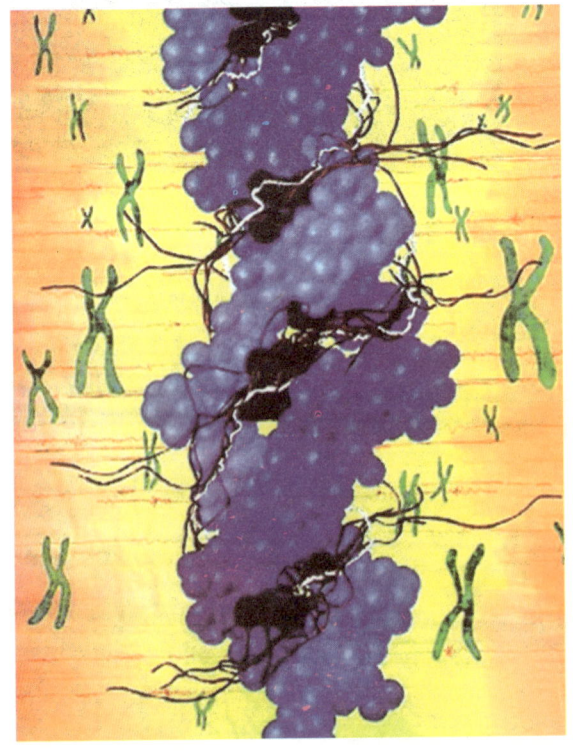

"隔离罩",开始了与正常孩子一样的新生活。

人大约由1800万亿个细胞构成,而每个细胞中都含有23对染色体,染色体的主要化学成分之一是脱氧核糖核酸(DNA),人们称之为"基因"。人体中总共约有10万个基因,控制着10万种人体蛋白质的合成。由于物理、化学和生物等各种不良因素

影响,都可能使某种基因产生"变异""缺陷",使人丧失正常免疫功能。

要治愈这类遗传性疾病,必须从"改造"基因着手。科学家们通过多次实验,使正常的ADA基因"补偿"了重症联合免疫缺陷病病人T细胞的基因缺陷,使免疫功能很快恢复。小女孩跨出"隔离罩"的一小步,标志着人类医疗技术前进了划时代的一大步。

当然,从临床实践角度看,基因疗法的广泛应用目前还存在着许多技术上的困难,但是它的美好前景却是十分明显。

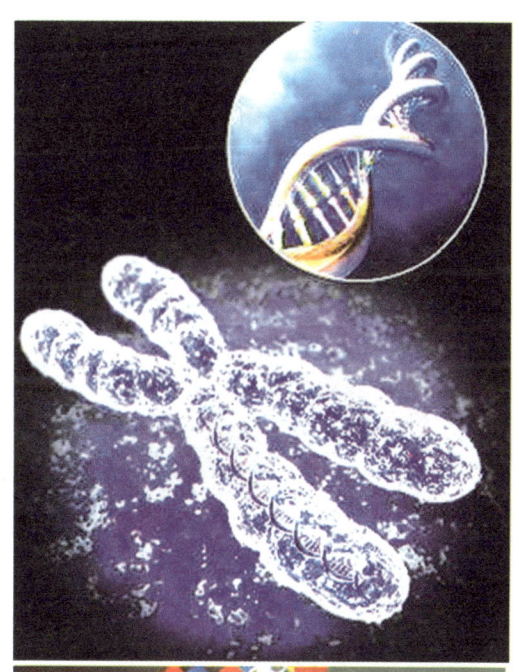

延长寿命的法宝——器官移植术

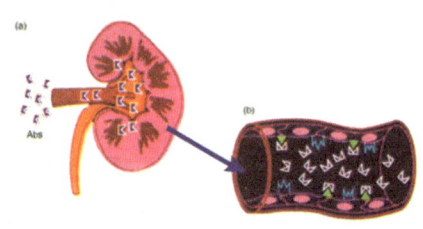

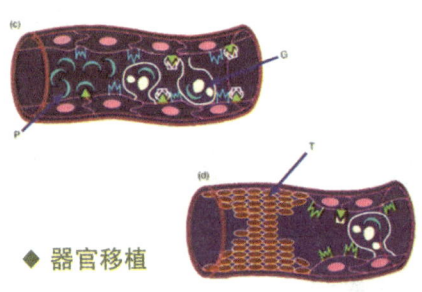

◆ 器官移植

近几个世纪以来，人类曾在动物身上进行器官移植的各种实验，但却屡遭失败。20世纪40年代，美国遗传学家斯内尔开始致力于异体器官移植和组织"排异"现象的研究，1948年，他公布了一个重要发现：老鼠体内有一种特殊的系统，可以成功地识别自身组织与异己组织，对自身组织能够接受、相容，对异己组织不能相容，给予排斥。这就是所谓的"组织相容性抗原系统"。老鼠的组织相容性抗原系统由其遗传基因决定，这种基因被称为"H2系基因"。芽斯内尔首创了一种试验方法——H2型试验。它证实了用不同的H2系基因进行组织移植就会产生"排异"的现象，从而首

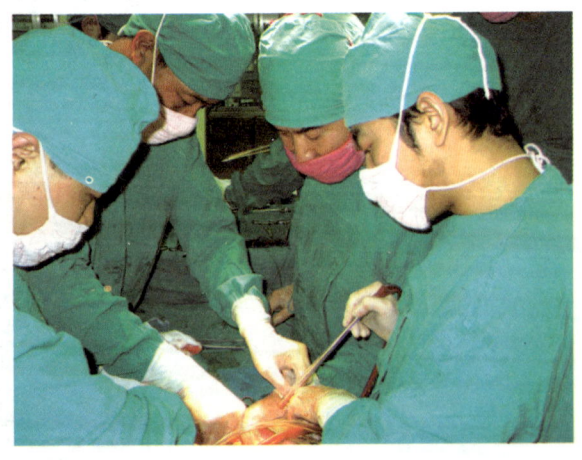

◆ 器官移植

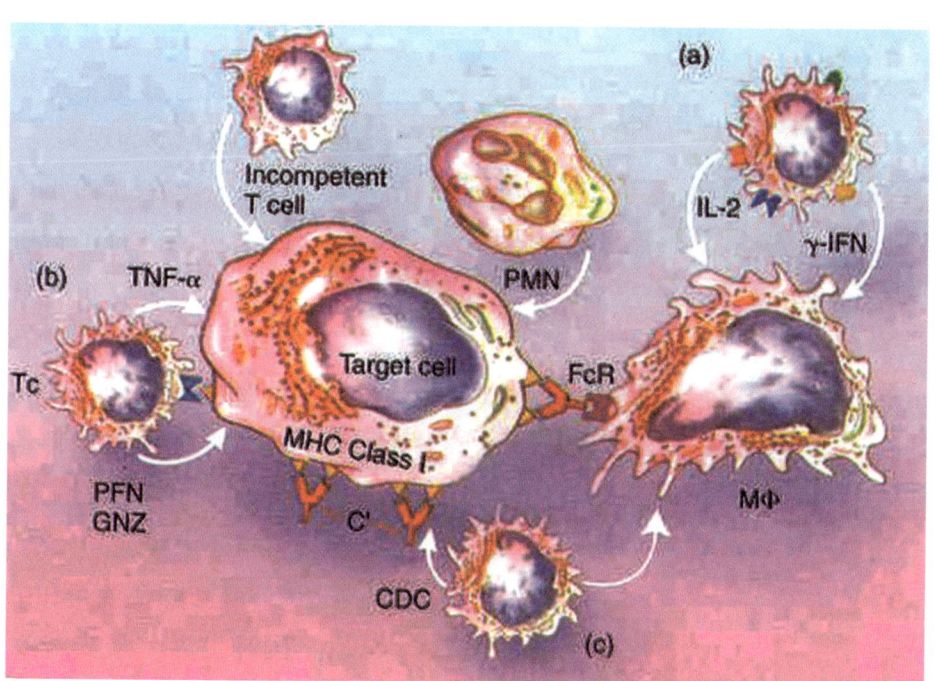

次揭示了器官移植排异机制，为人类器官移植开辟了道路。

1958年，法国免疫学家多塞研究了患者多次接受输血的反应后，首次发现了人体组织相容性抗原。接着，他创立了人体组织细胞相容理论，又开创了迅速方便的人体器官移植试验法，很快就被进行器官移植的医生们所采用，大大推进了器官移植的临床实践和深入研究。

在科学家经过了多年探索

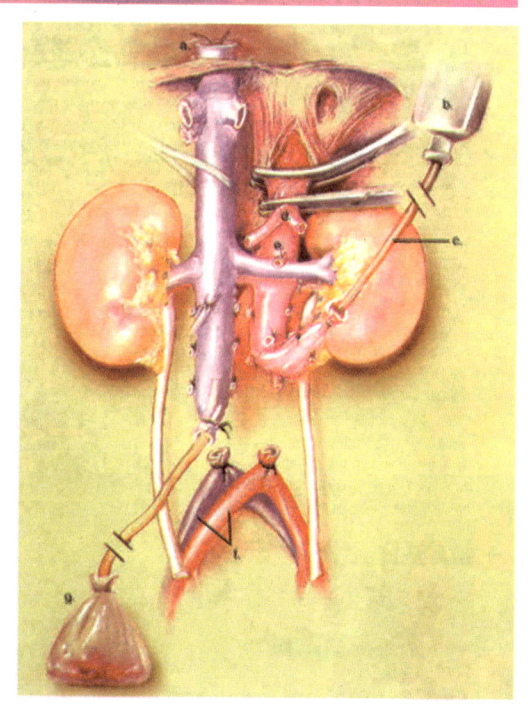

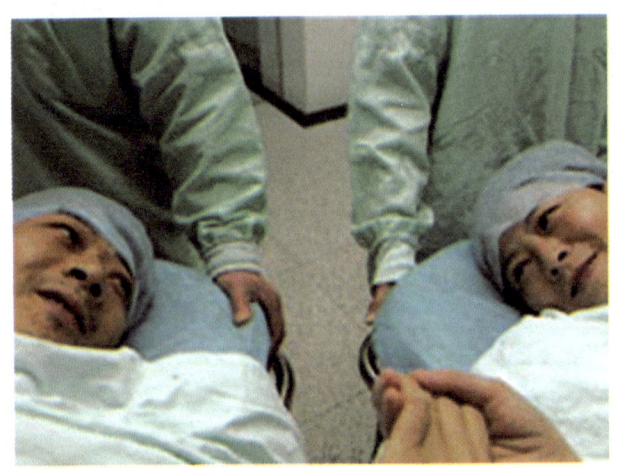

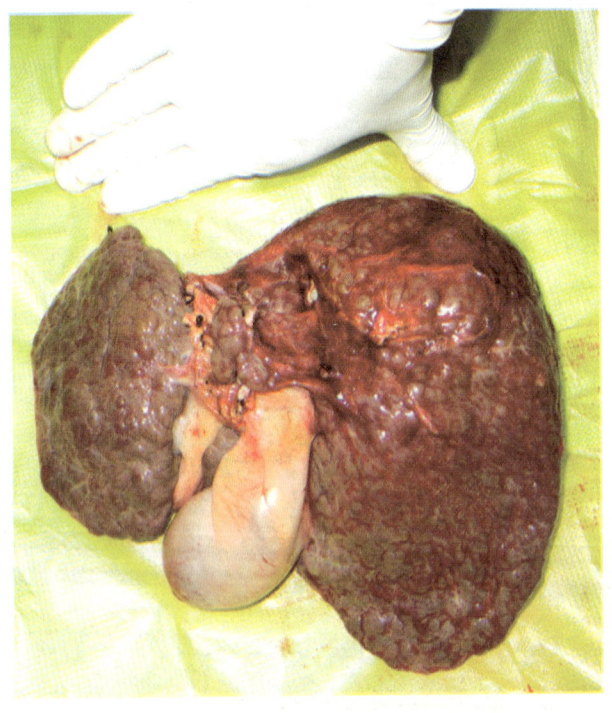

◆ 器官移植

和临床试验之后的今天，器官移植术造福于人类已成为现实。

人类在近40年内已成功地进行了肾脏移植、心脏移植、肝脏移植、胚胎移植、骨髓移植、胰腺移植、脾脏移植、骨骼移植等手术，但脑的移植还未实现。

瑞典、墨西哥和中国是世界上最先成功地在人体中进行脑内移植手术的三个国家。脑内移植手术的成功使科学家们相信，将来人脑也可移植。

随着医学科学的发展，将会给千千万万器官损伤而可能死亡的人带来福音。人类延长寿命的梦想，必然能够实现。

最·不·可·思·议·的·惊·世·发·现

六、天地间的发明

天高任"你"飞——飞机

飞机是20世纪最伟大的发明之一。

19世纪末,人们在气球内装上内燃机,开始了有动力飞行。飞机的飞行原理与气球的飞行原理是不同的,它与鸟类在空中的滑翔十分接近。19世纪末,随着科学技术的进步和人们认识的不断深化,被誉为"英国航空之父"的凯利发明了飞机的"前身"——滑翔机。

直接推动飞机发明的先驱者是德国人奥托·李林塔尔。1891年,李林塔尔制成第一架悬挂式滑翔

◆飞机

◆ 飞机

机。由于蒸汽机太重，内燃机还不具备满足飞机飞行要求的良好性能，因而19世纪末，装有动力发动机的飞机一直没有制成。

进入20世纪，人类在飞机研制的道路上迈出了坚实的一步。1903

飞机

年,在美国北卡罗来纳州的基蒂霍克海滩,一架外表像书架似的飞行器腾空而起。这架飞行器的发明人是威尔伯·莱特和奥维尔·莱特两兄弟。当飞行器第四次平安地落到地面时,飞行时代宣告来临。

这架飞行器就是世界上第一架真正的动力飞机。在1904和1905年,莱特兄弟又相继制造出"飞行者2号"和"飞行者3号",在家乡代顿市附近进行了多次飞行。

今天,广阔无垠的天空中,穿梭着各式各样的飞机。飞机已成为现代交通文明不可缺少的工具。

茫茫宇宙任驰骋——宇宙飞船

进入20世纪，人类把目光投入到了广阔无垠的太空，飞机、卫星的研制进行得如火如荼。现在茫茫宇宙中飞行着数以万计的各类飞行器，宇宙飞船就是其中的一种。

1961年4月12日，前苏联成功地发射了"东方1号"载人宇宙飞船。它在历时108分钟绕地球一周后，安全返回地面。著名宇航员尤里·加加林成为第一个环绕地球飞行的人。这一事件轰动了整个世界。到1963年6月16日，前苏联相继将"东方"2号、3号、4号、5号、6号宇宙飞船送往太空。

与此同时，美国也在加紧实施载人飞行的"水星计划"。1961年，"水星3号"飞船载着美国海军飞行员谢伯德中校进入太空，飞行15分钟后返回地面，未作环球飞行。1962年2月20日，"水星6

◆宇宙飞船

◆ 载人飞船

号"载着宇航员格伦中校绕地球3周后,返回地面。这是美国载人宇宙飞船首次完成环球飞行。

此后,美国和前苏联又多次将载人宇宙飞船送上太空。其中以载人登月为目的的"阿波罗号"宇宙飞船,是由美国研制的,它以古希腊神话中的太阳神阿波罗命名。

为了在空间竞赛方面与前苏联一决高低,美国宇航局早在1960年就制订了在10年内将人送上月球的计划。终于在1969年,"土星5号"火箭运载"阿波罗11号"宇宙飞

◆ 宇宙飞船

船，将两名宇航员顺利送上月球。他俩在月球上漫游了2小时21分钟，完成了收集岩石和土壤标本，拍摄月球景色、装置科学探测仪器等使命，然后安全返回地面。

这一人类历史上具有划时代意义的壮举，通过卫星向全世界进行了转播。此后，美国又先后5次发射了登月飞船，在月球上留下了12名宇航员的足迹。

宇宙飞船是人类进入太空的交通工具，它的发明，使人类居住太空的梦想更进了一步。

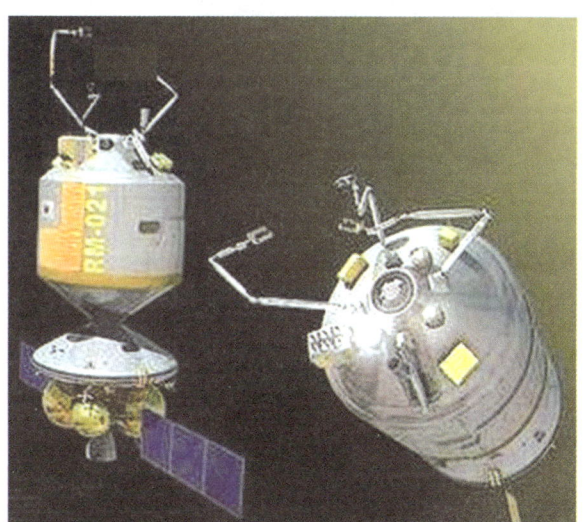

◆ 宇宙飞船

人类的千里眼——望远镜

◆ 望远镜

我国古代就有"千里眼"的神话传说。如今,"千里眼"已出现在了我们的生活中,它就是望远镜。

1608年,有一个荷兰的眼镜匠李普希,发现了眼镜片的奥秘,透过镜片看远处的景物,景物会变得又大又清楚,都好像是近在眼前,他给镜片取了个名字,叫"窥探镜"。

望远镜的消息很快传遍了欧洲。1609年6月,意大利物理学家伽利略听到这一消息后,立刻买来镜片,安装在一个铜筒的两端,经不断改进,制成了能够观察天体的望远镜,它帮助伽利略打开了宇宙的大门。

1609年末到1610年初,伽利略利用望远镜这一工具,不断地对天体进行观察。他发现

月球表面并不光滑，而是山峰高耸；他看到银河系是由无数星体组成；他找到木星的卫星；他还观察到太阳的黑子、金星的盈亏、土星的光环等。

历史总在不断前进，望远镜也在不断变化。1937年，青年工程师雷伯安装了一架直径9.45米的抛物面反射器，这便是世界上最早的射电望远镜。

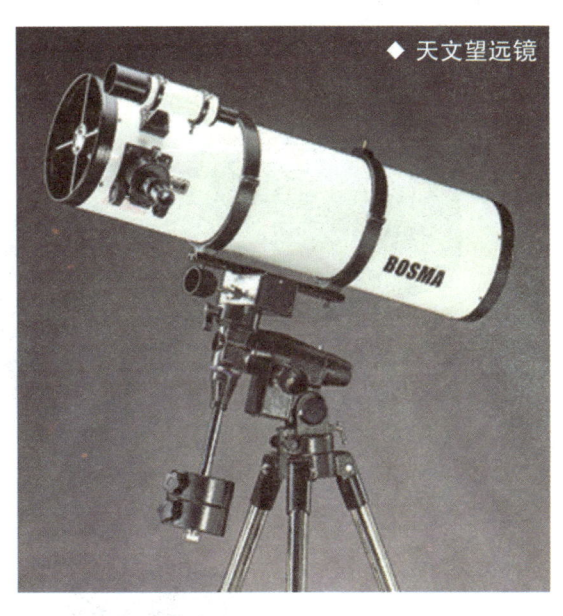

◆ 天文望远镜

◆ 天文望远镜

有了古人所期望的"千里眼"后，现代人并不满足，他们还想看看宇宙深处的奥秘。1990年4月25日，美国航天飞机"发现号"将一架称为"哈勃"的空间望远镜发射到太空轨道上，使天文学家们梦想成真。"哈勃"空间望远镜成了人类制造的第一架空间光学望远镜。下一步天文学家的理想是把天文

望远镜搬到月亮上去，在月亮上建立天文台。

"千里眼"正日益改善着世界，揭示着自然的秘密。

上九天揽月——月球车

自从1969年，美国的"阿波罗"11号宇宙飞船第一次将人类带到了遥远、神秘而荒凉的月球上以后，"阿波罗"12号、13号、14号、15号、16号和17号宇宙飞船也相继作了月球飞行。

1971年，"阿波罗"15号宇宙飞船飞行时带去了一辆机动车去探索月球。这辆取名为"月球漫游者"的月球车大约有3米长，是由电力驱动的，它的每个轮子都有单独的马达；月球车上还装有各种名目繁多的科学仪器，如能发回地球信号的碟形天线和彩色摄像机等，车

◆ 月球车

◆ 月球车

最不可思议的惊世发现

◆ 月球车在进行科研活动

子上还可装好几吨月球岩石呢！宇航员每天驾驶着月球车在月球上进行探测；他们使用车上的科学仪器作了很多科学试验；搜集岩石，装在车里，再运回到登月舱。月球车的功劳真不小啊！

但是，月球上的环境与地球完全不同，月球车必须符合哪些特殊条件，才能发挥它的作用？科学家们认为，由于月球上没有空气，所以月球车无法使用汽油发动机，只能采用由蓄电池或者燃料电池供电

驱动发动机的方式，车轮可以采用履带式和轮胎式 2 种。月球车的车体也有密封式和非密封式 2 种，密封式车内人员身着舱内宇宙服，比较舒适。

月球车将会有好多种类，最轻便的月球车被称为"月球摩托车"，另外还有单座车、双座多用途高性能小型月球车、中型月球车、客货两用月球车、月球拖挂车、月球轨道巴士和中型月球探险车。

当然，以上这几种月球车，都还是科学家们的设想而已。但是，人类一旦踏上了月球，在那里建立了基地，便不难相信，它们一定会逐渐变成现实的。

◆ 月球车

让太阳做能源——太阳能动力飞机

以太阳能为动力的飞机，最早一架是在20世纪70年代末，美国洛克希德公司研制成的太阳神1号。当时这种飞机只限于白天飞行，若遇到阴雨天气，尤其是夜间便无能为力。1981年，美国麦克克里迪发明了能昼夜飞行的太阳能飞机。这种飞机具有机翼大、机身轻和续航能力特别强的三大特点。

首先，为了保证飞机在高空空气稀薄的环境下，能有足够的升

◆ 太阳能动力飞机

力,所以设计的机翼翼展特别大,超过一个足球场的面积。机翼还可活动,翼梢可以翘起也可以放平。在白天,将翼梢上翘,以便最大限度地采集阳光;到夜间,机翼放平,以保持飞机最大升力。

其次,为了最大限度地节省和利用能源,降低能耗,麦克克里迪就千方百计设法减轻飞机自身的重量。

第三,为了降低能耗,麦克克里迪采用了各种有效的节能方法,如选择合适的飞机巡航高度、选择最佳的太阳能电池——光电转换强、效率高,而自身蓄电损耗少的蓄电池。

从目前情况看,要发展太阳能动力飞机,需要解决的问题还是太阳能电池。

但可以相信,太阳能动力飞机有着广阔的发展远景。能源是有限的,而太阳能却是无限的,只要我们努力研究,相信一定会有好的解决办法。

航天到航宇的跨越——人造星体

◆ 人造卫星

茫茫宇宙中,有许多卫星是我们人类制造的,它们与日月同争辉。

如果以1957年前苏联第一颗人造地球卫星上天为标志,航天事业在短短20年的时间内,就完成了由航空到航天,由航天到航宇的跨越。这项成就,便是1972年美国先驱者10号行星探测器飞出太阳系,成为太阳系外的一颗星体。

◆ 人造卫星

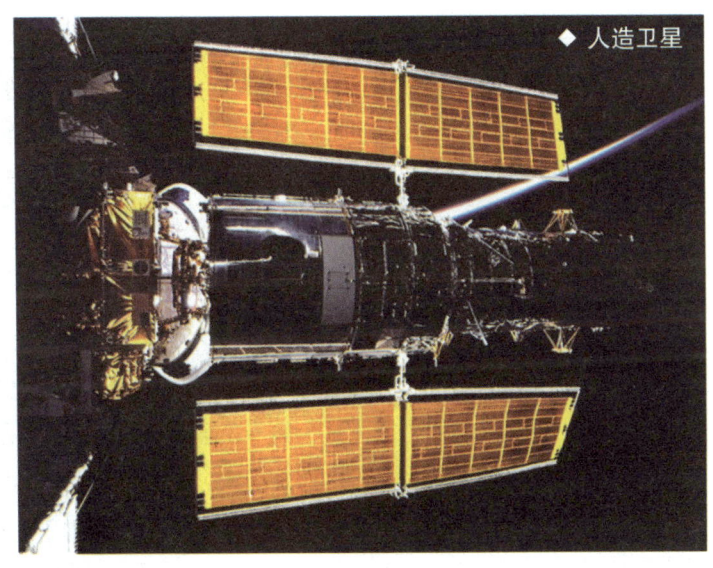

◆人造卫星

航空,一般是指人们能离开地面升至空中,并在空中由地球的一地飞到另一地,但它并没有脱离地球的引力和地球大气层范围,作为航行的工具便是各种飞机或飞艇类装备。航天的工具是载人或不载人的飞船或能重复使用的航天飞机,进一步的发展便是航宇,它的工具则是空间站或外星探测器。

1972年,美国成功发射先驱者10号外星探测器,标志着人类已能够飞离太阳系,脱离太阳系引力。这一探测器由两部分组成:一是轨道器,一是着陆器。着陆器实际上是一个智能机器人,它所携带的电视摄像机犹如一双人眼,它将拍摄到的一张张全息图像,通过轨道器传回地球。它的钻探装置犹如人的一双手,它可以自动插进土层,获取土质标本,并将样品经过分析仪分析的结果,经轨道器自动传回地球。

根据1987年7月美国总统布什纪念"阿波罗"登月20周年时提出的人类重返月球到火星旅行的

◆ 人造卫星

人类探索计划，要求在2019年庆祝"阿波罗"登月50周年时，把美国国旗插上火星。这个总耗资高达4000亿美元的探索计划正在稳步推进，到那时人类的愿望有可能实现，人类的活动空间也将扩至整个宇宙。

音容盘中存——激光视盘

人们对爱迪生发明的留声机已经相当熟悉，利用一根唱针与唱片之间的振动留下声音——录音和放音。那么，能否进一步把千姿百态的动人图像也与声音一起，在同一张唱片上留下呢？随着电视和激光技术的发展，科学家们发明了一种激光视盘录像机。

我们可以从电视的原理来了解这种新型录像机，一张黑白图像，实际上是由一个个黑白程度不同的小圆点——"像素"组成的。电视摄像机的作用，就是把这许多"像素"反射的光学图像信号转变为相应的电信号。磁性录音则是通过传声器将声音转变为相应的电信号。换句话说，这两种电信号实际上就是图像和伴音的化身。

我们把这两种电信号经过放大和其他一系列处理后，形成一种易于记录的电信号，送到激光调制器中去

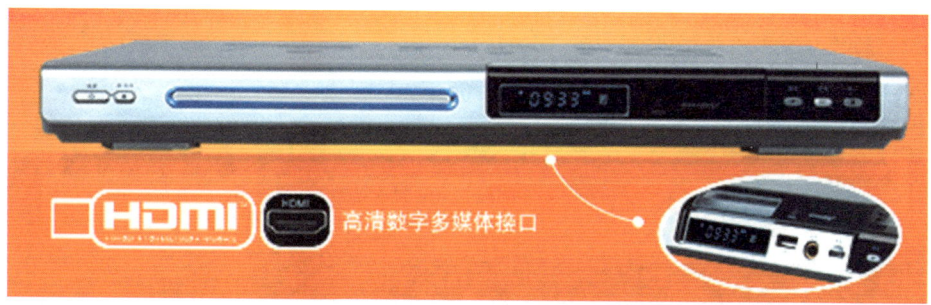

◆ 激光视盘机

最不可思议的惊世发现
ZUIBUKESIYIDEJINGSHIFAXIAN

◆ 激光器

控制一束激光。再将这束激光投射到一个表面上涂有一层极薄金属膜的旋转着的玻璃圆盘上。由于激光束的能量很大,因而在这层膜上,就像用唱针那样,刻画出一连串的椭圆形凹痕。这样,须要记录的图像和伴音就一起被留在圆盘上了。

那么,这种录像机又是怎样放像的呢? 这是录像的反过程,在放像机的唱头上发射出一束很细的激光束,射到录像唱片上后,从唱片上反射回来的光束就进入光电接收器。将光电接收器输出的电信号输入电视机的接收端,荧光屏上就会出现相应的图像,并听到相应的伴音了。

激光视盘录像机的诞生不但丰富了人们的生活,而且为科学研究提供了一种有力的新工具。

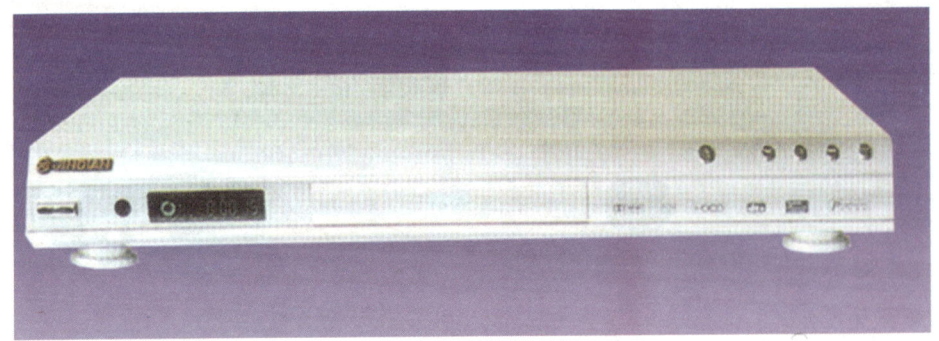

· 最 · 不 · 可 · 思 · 议 · 的 · 惊 · 世 · 发 · 现 ·

七、物理发明之谜

现代物理革命的序曲——X射线

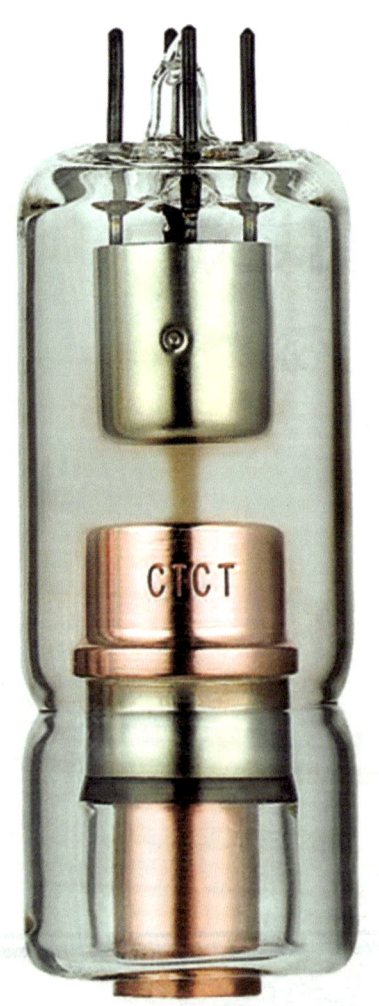

◆ X射线管

◆ 伦琴

19世纪下半叶，阴极射线成为各国物理学家普遍关心的一个课题。德国物理学家伦琴通过实验改变了人们对阴极射线的看法，准确地确认了阴极射线的本质。

他首先通过实验确证了阴极射线能使放电管近旁的荧光屏发光，随后

他又改用克鲁克斯管,当检查是否漏光时,他意外发现1米之外的荧光屏上有神秘的闪光。

伦琴将之命名为"X射线",实验证明,这是一种具有极强穿透力的神秘射线,它能穿透厚达1000个页码的图书、2~3厘米厚的木板、15毫米厚的铝板。此外,用X射线照相,可以照出木盒中的砝码、有绝缘包皮的金属线等;他还给他夫人的手照了相,手骨根根可见,手指上戴的戒指历历在目。

医学界深受启发:既然X射线可

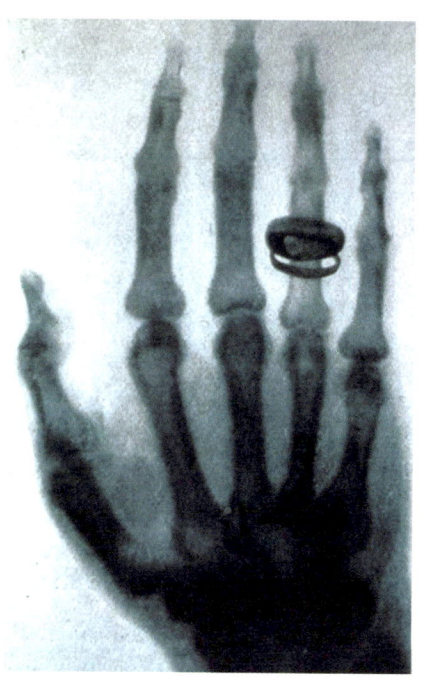

◆ X射线下的人手

以穿透皮肉,让人看到里面的骨头,那么当然可以用X射线透视人体任一器官了。因此,医学界中的骨科和内科,最早获得X射线的恩泽,开始为无数人造福。我们难以想象,如果没有X射线,今天的医疗保健事业将会变成怎样一副模样。X射线的发现打开了物理学革命的大门,为日后众多的发现发明奠定了基础。

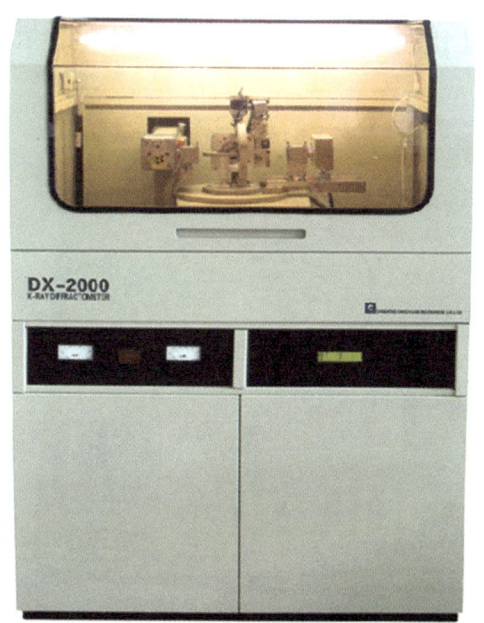

◆ X射线衍射仪

物质的最小单位——电子

X射线的发现不仅促成了"放射性"的发现,而且促成了电子的发现。

英国物理学家汤姆逊吸收了X射线研究的成果,于1897年开始对阴极射线做定性和定量的研究,他巧妙地设计了一个实验装置,用实验证明:阴极射线在电场和磁场作用下同带负电的粒子路径相同,这有力地证明了克鲁克斯的假想:阴极射线的的确确是由带负电荷的粒子组成的。

在此基础上,汤姆逊根据这两种偏转的量

◆ 电子线路板

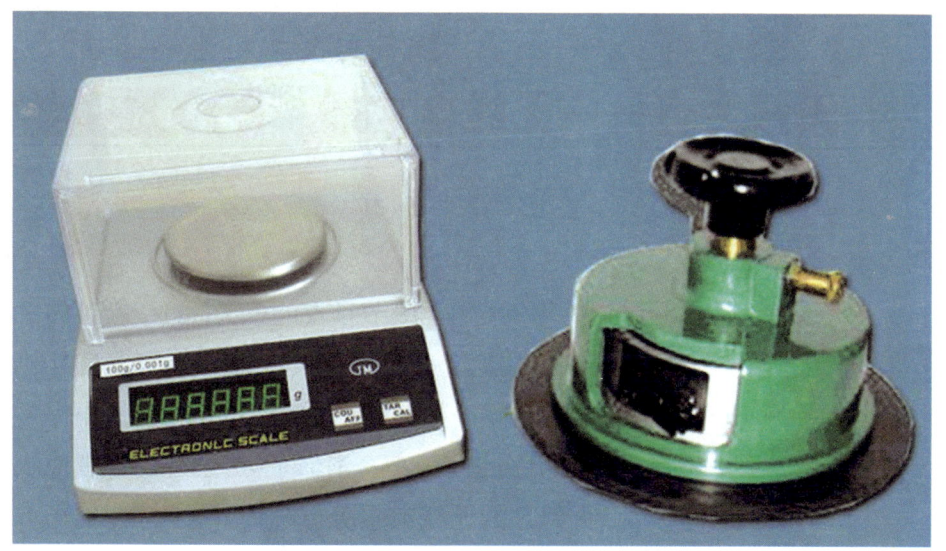

◆ 电子天平

度，推算出来源于各种不同物质的阴极射线粒子都是完全相同的，阴极射线粒子与物质成分没有任何关系；阴极射线粒子小于原子，它是构成一切化学元素的物质，是一切化学原子的构成成分。汤姆逊通过实验证明：阴极射线粒子的质量只是氢离子的千分之一。这构成一切原子的粒子，后来被汤姆逊改称为"电子"。

电子理论不久即引起强烈的社会反响，汤姆逊所主持的卡文迪许实验室也因此成为世界著名的物理实验中心。

两千多年以来，人们一直认为原子是构成物质的最小单位，这个观念历经两千余年后宣告土崩瓦解。

天籁之音——无线电广播

1906年圣诞节前夕的一天晚上,新英格兰附近几艘轮船上的无线电报务员突然从耳机里听到一个男人的说话声,还有优美的小提琴曲。几分钟后,声音消逝了,这意外的声音使收听到它的无线电报务员既惊异又兴奋,他们谁也没有想到,这是世界上第一次无线电广播,主持这次历史性广播的是美籍加拿大发明家费

◆ 老式无线电广播设备

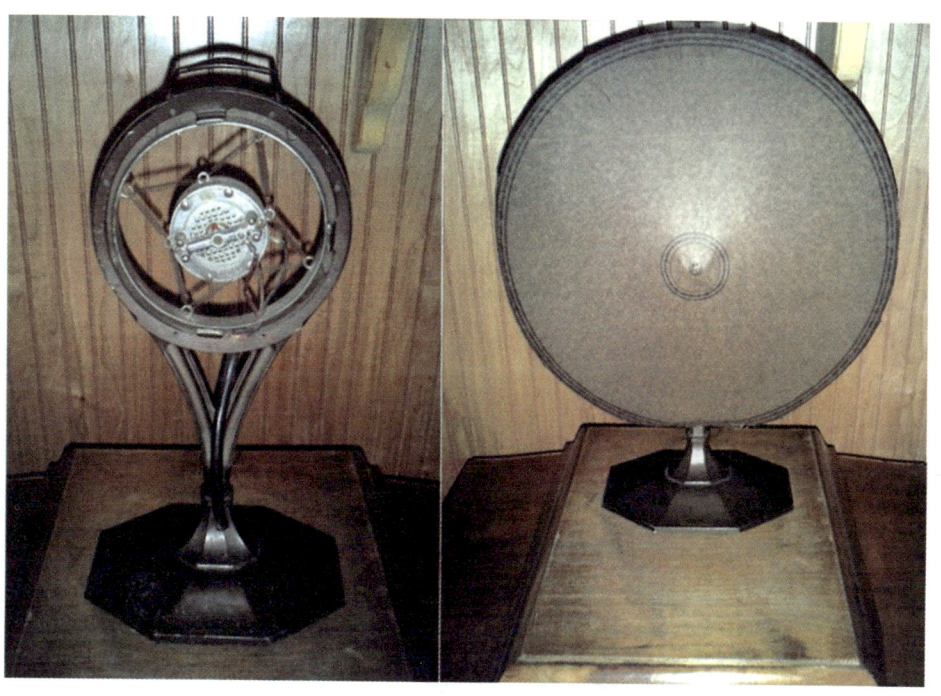

◆ 老式无线电广播设备

森登。自此以后，一个新的通讯时代便开始了。

费森登在布兰特罗建起无线电广播实验室，开始了实现自己梦想的艰难历程。他把自己关在试验室里，整天与电线、管子、电池、天线打交道，试图利用电磁波把人的声音传播到远方。

费森登进行了反复的实验，发明了高频发电机，同时，美国物理学家德福雷斯特，发明了一种可以把人的声音传送出去的真空管——真空三极管，它具有非常重要的放大功能，可以将弱电流放大成强电流，解决了无线电的接收问题。

后来，德福雷斯特又把若干个放大三极管级联起来，制成了多级放大器，再给电子管振荡器安装上多级放大器，

◆广播

制成了强力无线电发射机。

由于有了德福雷斯特发明的真空三极管,无线电所需的发射、接收、放大等装置都一一解决了。这样一来无线电广播就进入了实用阶段。

通过工程师的改进,几年后,人们迎来了无线电广播的黄金时代,一时间,广播器材、收音机制造业成为20世纪20年代美国发展最快的产业部门。

如今,无线电广播如同天籁之音,为我们的生活增添了一道亮丽的色彩。

神奇的机器——激光器

爱因斯坦早在1916年就提出了受激辐射的理论，为激光器的诞生奠定了理论基础。1954年，汤斯领导研究小组经过3年的实验，研制成世界上第一台微波激射器——"微波激射放大器"。几个月后，前苏联物理学家巴索夫和普罗霍洛夫也独立地研制出氨分子微波激射器。

◆ 激光器

1958年12月，美国物理学家肖洛与汤斯合作，将微波激射器与光学、光谱学的知识结合起来，提出激光器的设计方案并作了理论分析。他们用法布里——珀罗干涉仪作光频谐振腔，此外，他们对激光器的工作物质、激励光源作了分析和论证。只可惜，他们与激光器

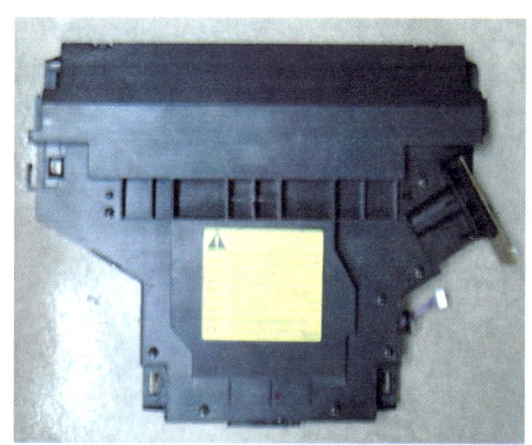

◆ 激光器

360°全景探秘

最不可思议的惊世发现

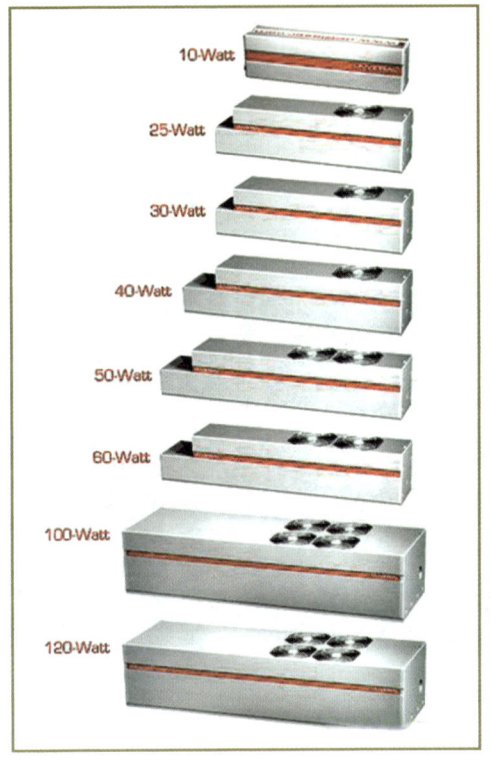

◆ 美国进口激光器

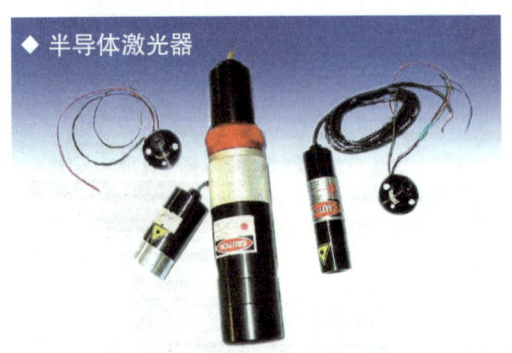

◆ 半导体激光器

的发明尚有一步之隔。

与此同时，前苏联的巴索夫和普罗霍洛夫也在积极进行激光器的研制工作，提出了在光频波段实现光波受激辐射放大的有关设想和建议。

1960年，美国物理学家海曼冲破一道道技术难关，用强脉冲氙灯作光激励源，成功地研制出世界上第一台红宝石激光器。揭开了现代激光技术的新篇章。

继红宝石激光器发明后，各种激光器相继问世，迅速应用于各个领域，如应用在彩色电视的制作技术、遥控、导航以及实现激光宇宙通信、制造激光雷达等。

激光器的发明，改善了我们的物质生活，使我们生活得更加美好。

◆ 绿色激光指示器

中国油田的发现——地质力学

　　20世纪20年代初期,李四光根据自己在华北地区的多次地质考察,发现了第四纪冰川的遗迹,于是在1922年发表了《华北晚近冰川作用的遗迹》一文。之后,李四光又带领他的学生,走遍了太行山、天目山、庐山等地,发现了越来越多的冰川遗迹。1933年11月11日,他在中国地质学会第十次年会上,宣读了《扬子江流域之第四纪冰期》的论文,震惊了世界。

　　李四光把中外众多学者请来,引领着他们沿着庐山地区的几条谷地仔细查看。沿途到处可见由于冰川活动而形成的漂砾、条痕石、U

◆ 冰川

最不可思议的惊世发现

◆ 冰川

形谷、冰斗、冰坎等第四纪冰川的遗迹。他一边讲述自己的见解，一边不停地与他们辩论。

过去，外国人称中国为"贫油国家"，然而李四光依据自己独创的地质力学和多年的调查研究，全面系统地阐述了中国寻找石油的广阔前景。1954年，经过地质队员们的艰苦奋战，大庆、大港、胜利、南海等一个又一个大油田相继找到了、开发了，黑色的油龙冲掉了"中国贫油"的帽子。

李四光的地质力学为中国油田的开发提供了理论依据，使中国成为了年产石油为1亿几千万吨的世界上超亿吨的石油生产大国之一。

◆ 大庆油田有限责任公司

千里音信一线通——电话

1876年,世界上第一台电话机问世。从此,人类通讯史揭开了新的一页。这台电话机的发明者是一个苏格兰青年,名叫亚历山大·贝尔。

贝尔在一次偶然的实验中,

◆ 电话机

发现当电流接通和断开时,螺旋线圈会发出噪声,和电报机发送莫尔斯电码发出的"滴答"声相似。于是,贝尔萌发一个奇特的设想:在讲话时,如果我能使电流的变化模拟声波的变化,那么用电传话不就可能实现了吗?

贝尔和助手在他的小屋里,他们经历了无数次的挫折和失败,最终取得了成功。1875年的一天傍晚,他们流着汗在搞电话实验,为了防止外面的杂音传到屋内,他们把门关得紧紧的,助

◆ 电话机

最不可思议的惊世发现

◆ 电话机

手手拿受话机放在耳边,贝尔在研究室里叫他的名字。开始,这声音微弱不清,但是,渐渐地响亮了起来,这是多么美妙的声音啊!他们终于制成了第一套传话器和话筒。

1877年,贝尔成立了电话公司,开始生产电话机。第一份用电话发出的新闻电信稿被发送到波士顿的《世界报》。100年后的今天,全世界已有3亿部电话机在工作。

贝尔的成就是伟大的。他的电话和电机、电灯,成了电力技术的三大发明,将人类社会带入了电气化时代。

◆ 防暴电话机

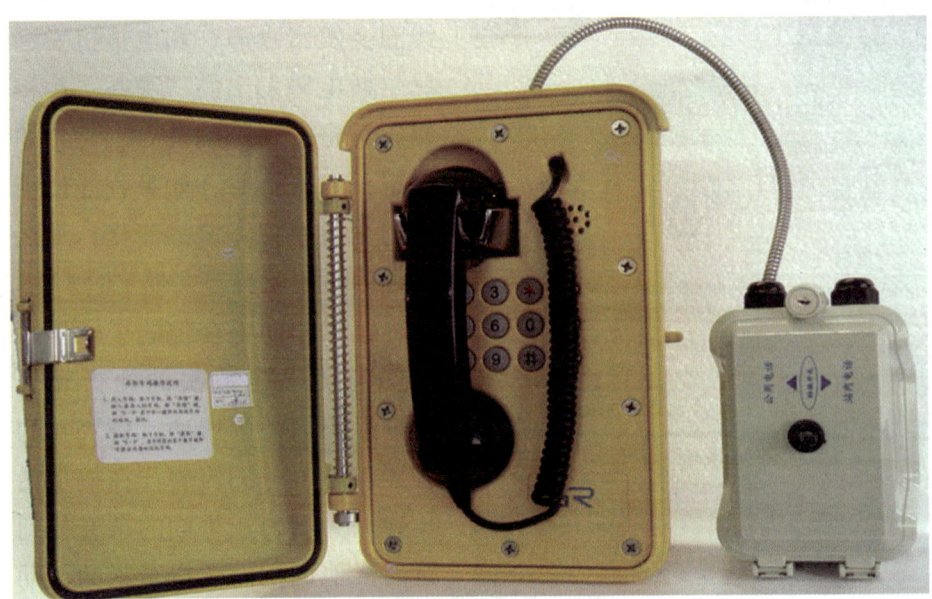

360° 全景探秘
物理
发明之谜

物理发明之谜

让文字飞翔——莫尔斯电报机

几年前，当远方的朋友过生日，自己没有时间去祝贺时，人们都会发电报。电报可以帮助我们互通信息，那么，你知道它是怎么发明的吗？

1831年10月19日，莫尔斯在"绪利"号到美国纽约的客轮上，被杰克逊博士的"魔术"表演深深吸引住了。只见杰克逊手里摆弄着一块马蹄形铁，上面绕着一圈圈绝缘钢丝。杰克逊让马蹄铁上的钢丝通上电，结果奇迹出现了：那些撒在马蹄铁附近的铁钉、铁片，立即被吸了过去；当切断电源时，那些铁钉、铁片又很快掉了下来。

杰克逊向大家解释说，这是电磁感应现象，莫尔斯对这个电磁感应试验产生了极大兴趣。一个新奇的想法如闪电一般掠过他的脑海：也许他可以利用电磁感应原理，发明出一种既迅速又准确的通讯工具。

回到纽约后，莫尔斯立即投入了电报机的发明工作中。经过无数次试验后，莫尔斯发明的电报机终于能够在500米范围内有效地工作了。1843年，美国国会资助莫

◆ 莫尔斯电报机说明书

最不可思议的惊世发现

◆ 电报机

尔斯建造世界上第一条电报线路。经过1年的努力，到1844年，长途电报通讯终于实验成功了。莫尔斯在电报机的发明与创造上，一共奋斗了12年。

1844年5月24日，在国会大厦联邦最高法院会议厅里，塞缪尔·莫尔斯接通电报机，按照预先约定的时间，亲手向64千米以外的巴尔的摩发出了历史上第一份长途电报。

现在，电报依然在人类的生活中担任着不可替代的角色。它改善了我们的生活，节省了我们的时间，让我们的生活变得更加灿烂。

◆ 近距离聆听电报

精英智慧的结晶——集成电路

◆ 电子计算机

你可知道，1946年2月由美国莫尔学院研制成功的第一台电子计算机——ENIAC是一个庞然大物。它占地150平方米，重30多吨。但它的运行速度只有每秒5000次，储存量只有千位。面对如此笨重的"机器"，当时曾经有人认为，世界上只要有四台这样的计算机就够了。但是现在，全世界不包括微型机在内的大型电子计算机就有几百万台，计算机早已登堂入室进入千家万户。

◆ 集成电路

最不可思议的惊世发现

◆ 晶体管图示仪

集成电路拥有体积小、重量轻、可靠性高、运算速度快的特点。它不仅成为当今电子科学技术的基础，而且正在创造着代表信息时代的"硅文化"。9月12日世界上第一批平行集成电路——相移振荡器制成了。集成电路制成后，很快被用于电子计算机领域，研制成了第三代电子计算机。

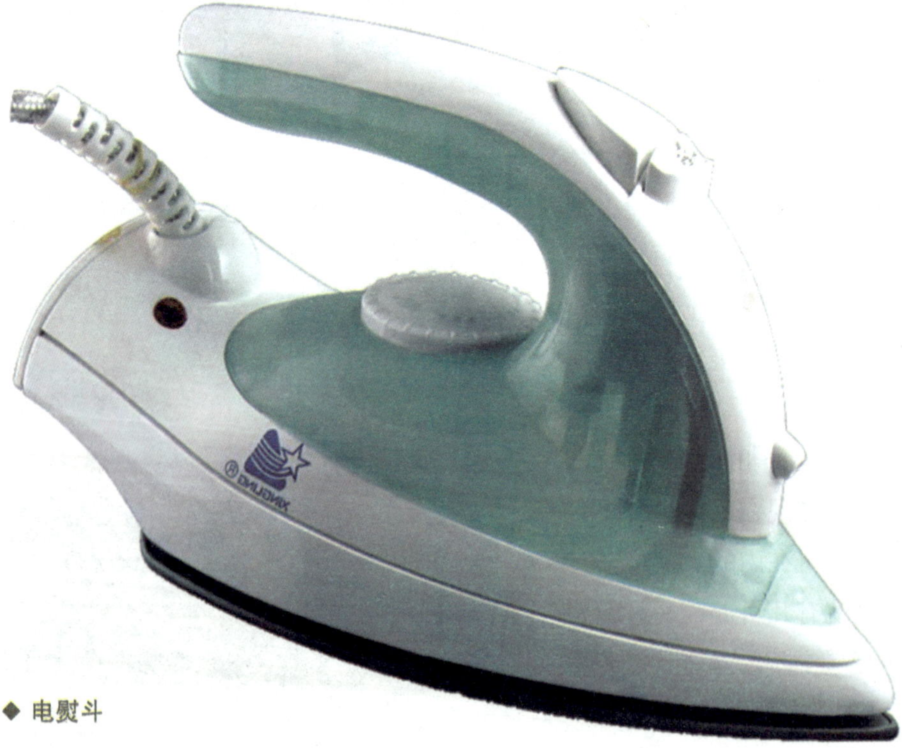

◆ 电熨斗

　　集成电路的应用也越来越广,以晶体管、集成电路为标志的微电子技术革命广泛深刻地影响着人们的生活。人们日常用的收音机、收录机、录像机是微电子技术产品;全自动洗衣机、电熨斗、电风扇、空调等各种电器都有硅片的影子。而且随着微电子技术的不断成熟,可以将各种物理的、化学的敏感器与执行器集成在一起,从而完成信息获取、处理、执行的全过程。

◆ 电风扇

人为控制气候——冷暖空调器

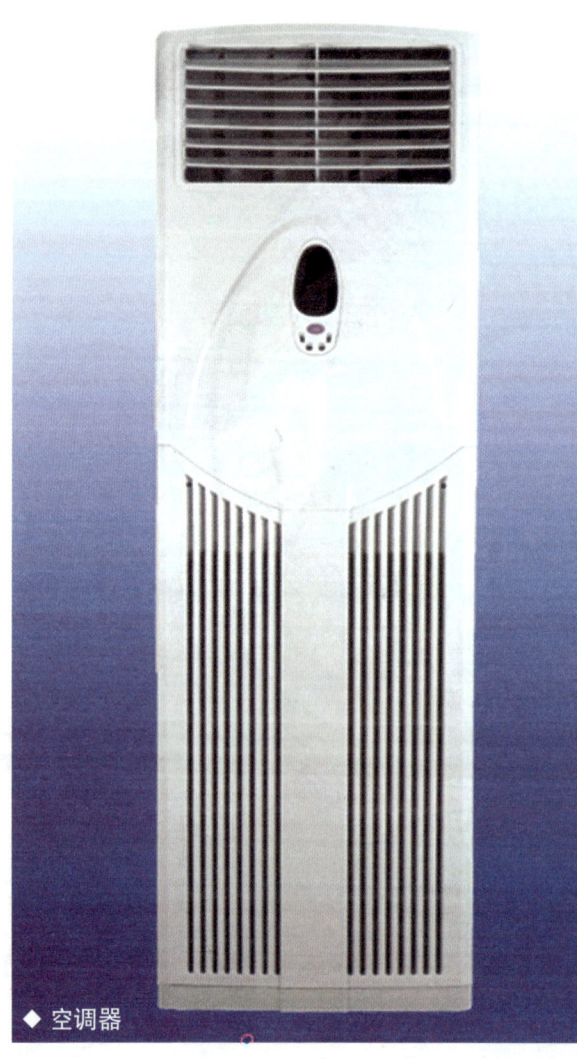
◆空调器

世界上第一台空调器是由美国人威利斯·卡里尔于1904年发明的。

空调器最早起源于人工通风设备。很早以前，西班牙南部地区的老房子便使用水汽降温法调节室内气温。当地的居民在房外栽树种花种草，设喷水池，使经过草木和喷水池过滤之后进入室内的空气温度有所降低，而且清新湿润。古代的希腊和中国也不约而同地发明过多种向地下矿井送风的技术。最早的空调器就是在这些技术经验的基础上，加上当时科学发展所提供的条件研制

出来的。

空调器主要由冷源部分和空气处理两大部分组成。其调节温度的方法类同冰箱制冷。现代空调器还装有滤网，可以使不断进入的空气得到过滤净。所以从空调器里吹出的冷风已经是经过净化的空气。

◆ 机柜空调

空调器按大小和用途不同，一般可以分为立柜式空调和窗式空调两大类，此外还有分体壁挂式、吸顶式多种。现在的一些空调器不但可以夏季制冷，而且可以冬天制热。这样的空调器人们又叫它"冷暖风机"。

◆ 空调

一波三折——真空三极管

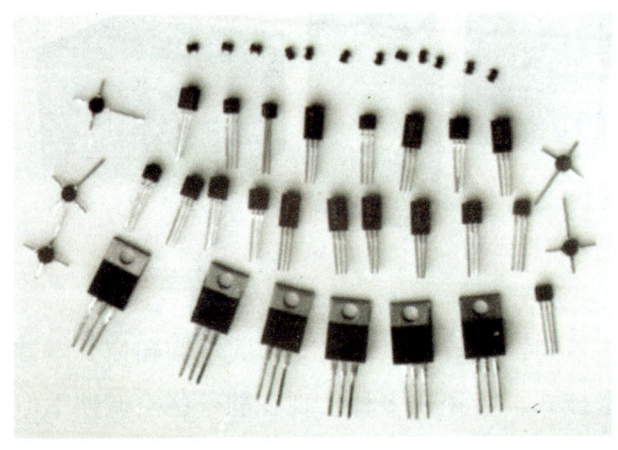

◆ 三极管

大家都知道，真空三极管是现代电器中不可缺少的元件。那你知道它的不平凡的发明经历吗？

真空三极管的发明者是美国福雷斯特，他大学毕业后，决定研究无线电，于是开始全心全意地研究改进检波器。经过三年的不断试验，他终于发明了一种"气体检波器"，但是，如果在每台接收机里装上火焰装置，用起来显然很不方便，而且检波效率也不高。后来，福雷斯特放弃了这个方法。

虽然火焰检波的方法被放弃了，但却成了福雷斯特通向成功的桥梁。他想到用"灯泡"来检测电磁波。正当福雷斯特研究用真空管检

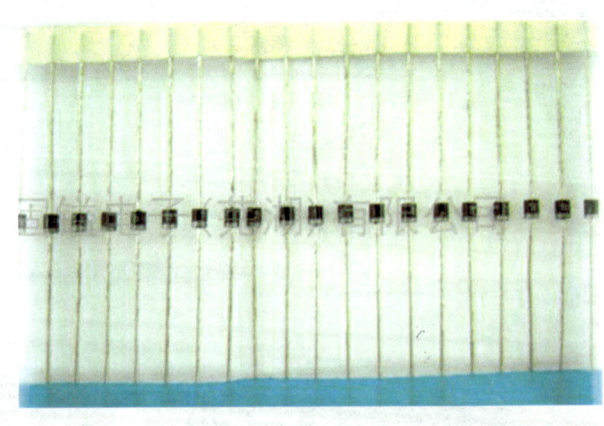

◆ 三极管

波的时候，英国的弗莱明博士发明了真空二极管，这使他十分激动，他打算改进真空二极管。

他把真空管装在无线电接收机上，代替老式的金属屑检波器，果然效果很好。然后他又在电子管里封进了第三个电极，福雷斯特惊异地发现：在第三极上施加上一个不大的信号，就可改变屏极电流的大小，这表明第三个电极对屏极电流有控制作用。就这样，世界上第一个真空三极管诞生了。

三极管使无线电发生了根本的变革，从三极管发展到四极管、五极管、七极管、大功率发射管等，形成了一个庞大的电子器件家族。

今天，当我们悠闲地听无线电广播，百无顾忌地用电话聊天时，我们不应忘记福雷斯特这个伟大的发明家。

◆ 三极管

信息时代金钥匙——晶体管

晶体管的发明，开创了一个新时代。随着电子技术的飞速发展，第二次世界大战末期，电子管作为电子设备的主要器件的弊端显露了出来——体积大、重量大、容易发生故障、无法及时有效的散热，这些缺陷引起了科学家们的关注，尽快找到更新换代的电子元件成了他们追求的目标。

◆ 半导体

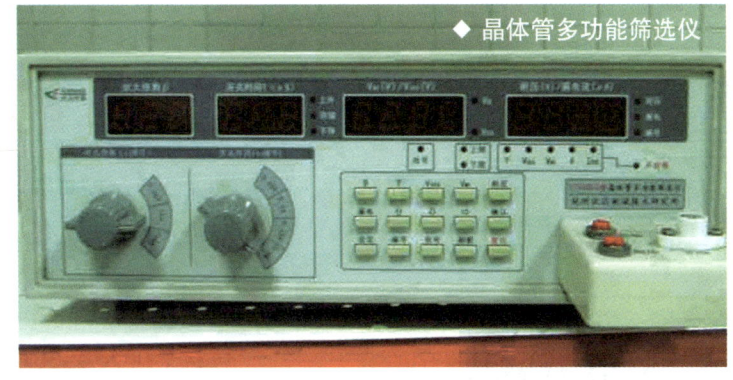

◆ 晶体管多功能筛选仪

1945年夏，美国物理学家肖克莱同巴丁、布拉顿一起，深入研究了半导体的导电性质，力图从中找到新一代电子放大器件的种种尝试。经历了一次又一次失败后，1947年12月23日，巴丁和布莱顿用带电探针探测到离二极管一极的0.05毫米处时，发现通过半导体的电流竟出现了大幅度的变化。这正是他们苦苦寻找的电流放大作用啊！

1948年6月，晶体管正式问世。晶体管体积小，寿命高，它被首先运用于计算机领域，以晶体管为"心脏"的计算机体积只有一台落地式收音机大小。

肖克莱、巴丁、布拉顿因为发明晶体管而获得诺贝尔物理学奖。他们发明制造的晶体管也由于其卓越的性能广泛的应用于多个领域，成为电子工业不可缺少的元件。

◆ 多功能晶体管扩音器

"共享"世界文明——因特网

◆ 因特网搜索引擎

◆ 机房

1946年第一台电子计算机的问世,在人类文明史上,谱写了划时代的光辉篇章;但是,在很长一段时间内它不但体积庞大,而且十分昂贵,而且上机既费时,又费力,很不方便。

1969年12月,在美国国防部高级计划局的资助下,科学家们第一次成功地将4台电脑通过通信线路连接起来。这是世界上第一个电脑网络,简称ARPA网络。后来在此基础上,又有了因特网。

因特网是英文Internet的音译,其含义是"国际计算机分组交换网"的英文缩写。

因特网的作

用是巨大的，人们可以通过因特网收发邮件，至多几分钟之内，就可将函件传送到对方的邮局和信箱，与传真机相比，由于电子函件不但保密性强，而且"邮资"要低得多，因而已被广泛采用。人们亲切地称它为"伊妹儿"（英文E-Mail的音译）。

因特网为高明的企业家们提供了一种极好的商机，这就是网上购物。你只要轻点鼠标，很快，网上商店就会将货物送到你的家中。

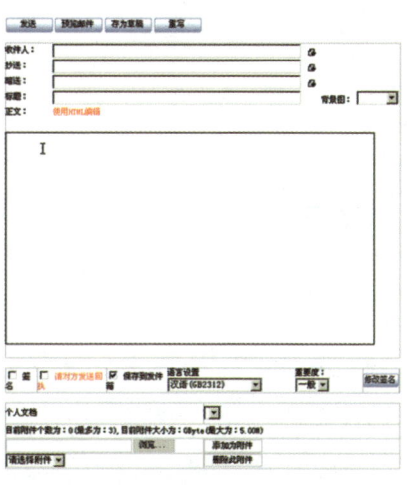

◆ 用因特网发邮件

当然，因特网还有许多使人类生活方式发生革命性变化的重要应用。例如，利用电脑网络进行医疗——"网络医院"；"天涯若比邻"——足不出户，你就可以结识异国的网上朋友，利用电脑在网上聊天、交谈；在家中，网络学校能让第一流的老师用最佳教材为你上自己爱好的课程；你可以在网上进入世界各地的图书馆查找资料，可以阅读到全国甚至世界各地的报刊，了解最新的消息或信息；还可以在网上炒股票；甚至刑警部门也可以在网上追捕逃犯……

漫步因特网，定能遨游全世界。